DK TRAVEL

TOP **10**
LONDRES

AF277087

CONTENIDOS

4

Descubriendo Londres

18

Top 10 Londres

DESCUBRIENDO LONDRES

Houses of Parliament y Big Ben

BIENVENIDO A
LONDRES

Creativa, vital y multicultural, así es Londres. En un solo día se puede admirar arte de fama mundial, visitar emblemáticos lugares históricos y degustar sabores de todo el mundo. No te pierdas nada. Disfruta de lo mejor de la ciudad con la guía Top 10 Londres.

La cita de Samuel Johnson de 1777 "cansado de Londres… cansado de la vida", que a menudo se utiliza para destacar la variedad de cosas que se pueden hacer en la capital del Reino Unido, sigue totalmente vigente. Darse un paseo por South Bank es realizar un viaje a través de los siglos, desde la

Torre de Londres, la imponente fortaleza-prisión con mil años de antigüedad, hasta el moderno London Eye, inaugurado para celebrar la llegada del nuevo milenio. Más allá del Támesis, el British Museum explora la historia del mundo a través de sus colecciones, mientras el Natural

Tower Bridge

History Museum, un inmenso palacio gótico con más de 80 millones de especímenes, incluidos fósiles y huesos de dinosaurio, se centra en la naturaleza. Pero no todo es historia antigua; exposiciones temporales y museos de arte contemporáneo como la Tate Modern, además de un creciente arte urbano, mantienen vivo el escenario artístico. Lo mismo ocurre con las artes escénicas, con una oferta que varía desde los conciertos en salas históricas hasta los galardonados musicales del West End.

En una ciudad tan excitante como esta también hay espacios para relajarse, con casi un 50 % de zonas verdes, innumerables parques y jardines para pasear o simplemente sentarse y admirar las vistas. Además, la escena gastronómica londinense es de primera categoría y no solo por sus restaurantes de lujo; en sus mercadillos se venden productos locales, recetas innovadoras y sabores del mundo que reflejan la diversidad de Londres. Sea cual sea la manera elegida para disfrutar de esta ciudad, la visita promete ser memorable, y puede que incluso repita las palabras del Dr. Johnson.

Esta guía Top 10 reúne lo mejor que Londres puede ofrecer, con sencillas listas con las 10 mejores opciones, consejos de expertos y mapas y planos detallados, que hacen del viaje una experiencia extraordinaria.

HISTORIA DE
LONDRES

La extensa ciudad de Londres ha recorrido un largo camino desde que fuera un pequeño asentamiento ribereño. Ha sido destruida por incendios y bombardeos, testigo de revueltas y asesinatos, potencia industrial y centro de creación artística, además de cuna de revoluciones culturales. He aquí su historia.

Origen de Londres

Londres, o Londinium, fue fundada por los romanos hacia el año 43 d. C. en la orilla norte del río Támesis, en lo que hoy es la City. Eligieron un lugar donde el río era lo bastante estrecho como para construir un puente y rodearon el centro con una muralla, cuyos restos son aún visibles. Este primer asentamiento fue destruido en el año 60 d. C. durante una revuelta del pueblo iceno, bajo el mando de la reina Boudica, contra los romanos. Tras su derrota, la ciudad se reconstruyó y creció rápidamente. A finales del siglo II, Londres era la ciudad más grande de Inglaterra, con templos, baños e incluso un anfiteatro. Cuando los romanos se marcharon a principios del siglo V, grandes zonas de la ciudad quedaron abandonadas.

Prosperidad, peste y revuelta

En los siguientes siglos, Londres fue repetidamente asaltada y ocupada por sajones y vikingos, y no empezó a recuperarse hasta el siglo X, bajo Alfredo el Grande. A finales del siglo XI era de nuevo la sede del gobierno y el poder, y surgieron nuevas maravillas arquitectónicas como Westminster Abbey, construida bajo Eduardo el Confesor, y la White Tower, primer bastión de la Torre de Londres, mandada erigir por Guillermo el Conquistador. En los años que siguieron la conquista normanda de 1066, Londres evolucionó hasta convertirse en una ciudad rica y multinacional gracias a la expansión del comercio, controlado por poderosos gremios. Esta prosperidad

Reconstrucción artística de Londinium

Muerte de Wat Tyler durante la Revuelta Campesina

se detuvo bruscamente en el siglo XIV; la Peste Negra de 1348 acabó con la mitad de la población de la ciudad y durante la Revuelta Campesina de 1381, las gentes del campo, que marcharon a Londres para exigir la reforma de las leyes laborales, asesinaron a los funcionarios a su paso.

Reforma y revueltas internas

Londres se recuperó rápidamente y durante la época Tudor (1485-1603) la población aumentó hasta alcanzar los 200.000 habitantes en 1600, gracias a las nuevas tierras eclesiásticas confiscadas durante la Reforma. En poco tiempo, el rural East End se convirtió en centro de la industria, mientras Southwark y Borough se transformaron en escenarios del arte y la creatividad, con grandes teatros como el Globe Theatre. Sin embargo, la tensión religiosa continuó y en 1605 unos conspiradores católicos intentaron asesinar al rey Jacobo I estallando las Houses of Parliament. Estas tensiones, unidas a la lucha de poder entre el monarca y el Parlamento, derivaron en la guerra civil de 1642. La victoria parlamentaria en 1649 y la ejecución de Carlos I en Whitehall dio paso a una efímera Commonwealth inglesa bajo Oliver Cromwell. La monarquía fue restaurada en 1660, pero en la siguiente década Londres sufrió dos devastadores acontecimientos: la Gran Peste de 1665 mató a casi 100.000 londinenses y el Gran Incendio de Londres de 1666 arrasó buena parte de la ciudad.

Hitos históricos

43 d. C.
Los romanos fundan Londinium como punto estratégico para construir un puente sobre el río Támesis.

1080
El rey Guillermo I ordena construir la White Tower, el emblemático bastión de la Torre de Londres.

1349
Cerca de la mitad de la población de Londres muere por la Peste Negra, una plaga que arrasa Europa.

1599
Se inaugura el Globe Theatre. Borough se convierte en centro de la escena artística y teatral.

1605
La Conspiración de la Pólvora, intento fallido para asesinar al rey Jacobo I.

1666
El Gran Incendio de Londres devasta la City, que se reconstruye posteriormente con mejores técnicas constructivas y condiciones de vida.

1851
La Gran Exposición en Hyde Park, muestra de la industria y tecnología británicas, atrae a visitantes de todo el mundo.

1940-1941
Estaciones de metro y construcciones caseras sirven de refugio a los londinenses durante los bombardeos del Blitz.

2012
La capital acoge los Juegos Olímpicos y Paralímpicos en el Queen Elizabeth Olympic Park de Stratford.

2022
Millones de personas de Londres y otros lugares hacen cola hasta 17 horas para ver el féretro de la reina Isabel II.

Destrucción y reconstrucción
La posterior reconstrucción constituye la base de la actual Londres, con novedosos y espectaculares proyectos como la St Paul's Cathedral, uno de los numerosos edificios diseñados por el arquitecto *sir* Christopher Wren, y el Bank of England. A mediados del siglo XVIII, Londres era una potencia financiera, centro de un floreciente imperio internacional y la ciudad más grande de Europa, a la que acudían millones de personas desde el campo y el extranjero. Se convirtió en una ciudad internacional. Sin embargo, gran parte de esta población vivía hacinada en pequeñas viviendas en zonas anteriormente ocupadas por granjas.

Del Gran Hedor a las guerras mundiales
Durante la época victoriana (1837-1901), el aumento de la población provocó problemas de hacinamiento e insalubridad, que derivaron en epidemias de cólera y el Gran Hedor de 1858, cuando la putrefacción de deshechos por altas temperaturas provocó un espantoso hedor. El revolucionario sistema de

alcantarillado diseñado por Joseph Bazalgette contribuyó a resolver el problema y formó parte de una época de grandes proyectos que conformaron la Londres moderna, con la construcción de los actuales Houses of Parliament, Tower Bridge y Royal Albert Hall, así como la inauguración de la primera red de metro del mundo, "the Tube", en 1863, entre Paddington y Farringdon para después extenderse por gran parte de Londres. Durante las dos guerras mundiales, las emblemáticas estaciones de metro sirvieron de refugio a miles de londinenses frente a los bombardeos, especialmente en el Blitz de 1940-1941, que provocó una devastación sin precedentes por toda la ciudad.

El renacer de la ciudad

La reconstrucción de la posguerra produjo cambios tanto en la ciudad como en la mano de obra, con la llegada masiva de inmigrantes, a menudo de las antiguas colonias británicas en el Caribe y el sur de Asia, que crearon nuevas comunidades el sur y el este de Londres. Aunque muchos tuvieron que enfrentarse a la hostilidad racial, jugaron un papel clave en empresas públicas como London

El antiguo Millennium Dome, hoy The O2

Transport y el recién creado servicio sanitario nacional (NHS). Al mismo tiempo, la revolución cultural de los "Swinging Sixties" enfatizó la importancia de la música, la creatividad y los derechos de la mujer. Este movimiento encontró su hogar en Carnaby Street, el Soho y King's Road en Chelsea, de la mano de artistas británicos como The Who, David Bowie y los Rolling Stones.

Londres hoy

Desde finales del siglo XX, la ciudad ha estado en constante remodelación, con originales proyectos para conmemorar el milenio como el London Eye, la Tate Modern y el Millennium Dome, junto con grandes obras de modernización que han transformado el perfil urbano, sobre todo en la zona del East End y áreas al sur del río Támesis como Lambeth y Battersea. Esta gentrificación ha provocado que muchos londinenses hayan dejado Londres y que la ciudad siga lidiando con una grave crisis de la vivienda. A pesar de ello, Londres continúa liderando todo lo que ocurre en Gran Bretaña: acogió los Juegos Olímpicos en 2012, fue escenario de numerosas manifestaciones masivas frente a la decisión de abandonar la Unión Europea en 2016 y protagonista de los actos dedicados a la reina Isabel II en 2022.

Construcción del sistema de alcantarillado de Londres, siglo XIX

TOP 10
EXPERIENCIAS

Esta guía ayuda a organizar el viaje perfecto tanto para los que visitan Londres por primera vez como para los que repiten. Para aprovechar el tiempo al máximo y disfrutar de lo mejor que la capital multicultural del Reino Unido puede ofrecer, no hay que olvidar añadir estas experiencias a la visita.

1 Crucero por el Támesis
El río Támesis serpentea por el corazón de Londres y recorrerlo en barco permite ver algunos de sus principales monumentos, desde las históricas Houses of Parliament *(p. 91)* hasta la torre del reloj Big Ben, el extraordinario museo de arte Tate Modern *(p. 36)* o el emblemático Tower Bridge *(p. 143)*.

2 Asistir a un espectáculo
Con una de las escenas teatrales más diversas y famosas del mundo, asistir a una representación en Londres es obligado. El West End reúne varios espectáculos conocidos que llevan décadas en cartel, mientras otras salas más pequeñas de Londres ofrecen obras independientes.

3 Disfrutar de la gastronomía
Londres es el paraíso de los amantes de la comida. Mercados como Borough Market *(p. 95)* ofrecen deliciosos productos de todo el mundo, mientras el tradicional pastel de carne con puré sigue elaborándose con la receta victoriana que alimentó a los trabajadores del West End.

4 Visitar sus museos y galerías de arte
Londres cuenta con todo tipo de museos y galerías, muchos de ellos gratuitos. Se pueden explorar las maravillas del Science Museum *(p. 30)*, los increíbles especímenes del Natural History Museum *(p. 28)* o la colección del Bow Street Police Museum *(p. 110)*.

5 Una pinta en el *pub*

Los *pubs* han sido el centro de la vida de Londres desde hace siglos y cada londinense tiene su favorito. Aunque muchos reclaman ser los más antiguos, algo difícil de probar, siempre ofrecen un entorno histórico perfecto para disfrutar de una cerveza.

6 Relajarse en sus parques y jardines

Londres, la primera ciudad Parque Nacional del mundo, cuenta con multitud de espacios verdes: parques comunales, brezales, jardines…, donde pasear entre flores o relajarse en una tumbona; hay un espacio para cada estado de ánimo.

7 Disfrutar de las vistas

Se puede contemplar el vasto y arquitectónicamente variado perfil urbano de la ciudad, ya sea desde una cápsula del London Eye, un mirador en The Shard (*p. 94*) o sentado en un banco situado en lo alto del pintoresco Greenwich Park (*p. 59*).

8 Paseo por South Bank

Galerías de arte moderno y arte urbano, obras de teatro y músicos ambulantes, restaurantes de lujo y puestos de comida, el animado y cultural South Bank (*p. 90*) reúne todo lo que hace de Londres una ciudad especial.

9 Tomar el té en un hotel elegante

Vale la pena arreglarse y acudir a un hotel de lujo para tomarse un té con delicados sándwiches, pasteles y bollos presentados en bonitas fuentes escalonadas; además del té, también se pueden acompañar de champán.

10 Comprar en los mercados

No hay como pasar el día curioseando y comprando en un mercado callejero. Se puede dedicar el viaje a comprar antigüedades en Portobello (*p. 131*) y Greenwich, ropa *vintage* en Camden (*p. 151*), moda en Spitalfields (*p. 164*) o flores los domingos en Columbia Road.

ITINERARIOS

Visitar grandes museos, disfrutar el té de la tarde, navegar por el Támesis y una amplia oferta para comer, beber o simplemente contemplar las vistas es lo que ofrecen estos itinerarios de 2 y 4 días que ayudan a aprovechar al máximo la visita a Londres.

2 DÍAS

Día 1

Mañana
Para estancias cortas, lo mejor es comenzar por South Bank. Empieza en **Leake Street Arches** (*leakestreetarches.london*), un túnel bajo Waterloo Station, donde puedes ver a los artistas añadiendo sus últimos diseños creativos en el mayor muro de grafiti legal de la ciudad. Dirígete hacia el **London Eye** (*p. 34*) y camina hacia el este por la ribera del Támesis, disfrutando de los músicos callejeros y recorriendo los puestos de libros al aire libre. Visita la **Tate Modern** (*p. 36*) para explorar las últimas instalaciones y la colección permanente gratuita de grabados, esculturas y pinturas. Si tienes tiempo, visita el **Shakespeare's Globe** (*p. 93*), un teatro Tudor del siglo XVI reconstruido.

El Globe Theatre, magníficamente reconstruido

Tarde
Disfruta de la gastronomía internacional londinense en el magnífico **Borough Market** (*p. 95*), que vende productos frescos a diario en más de 100 puestos. Después sigue el río y

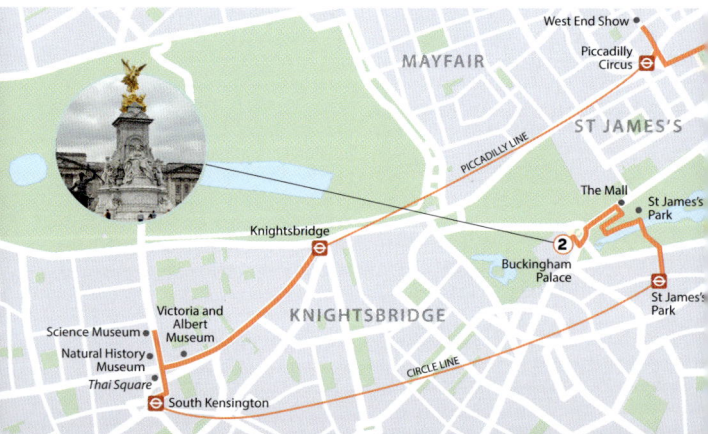

Guardias de Coldstream desfilando hacia Buckingham Palace

COMER
Tras probar las muestras gratuitas de pan, queso y aceite de Borough Market, hay que buscar un lugar para disfrutar de una comida completa. Aunque haya cola, merece la pena esperar.

cruza el emblemático **Tower Bridge** *(p. 143)* hasta llegar a la **Torre de Londres** *(p. 40)*. Dentro de la prisión, puedes ver las joyas de la Corona o hacer un recorrido guiado con un *beefeater* para aprender sobre esta fortaleza legendaria. Cruza de nuevo **London Bridge** hacia Borough para cenar en el **George Inn** *(p. 96)*, del siglo XVII, antes de tomar una copa con vistas en **GŌNG**, en la planta 52 de **The Shard** *(p. 94)*.

Día 2

Mañana
Comienza el día visitando **Buckingham Palace** *(p. 32)*; los lunes, miércoles, viernes y domingos puedes ver el cambio de guardia, con el desfile de soldados y bandas hasta el palacio (consultar horarios). Después de asomarte a la verja del palacio, pasea por **The Mall** o serpentea por el bonito espacio verde de **St James's Park** *(p. 123)*. Toma la

Circle Line desde St James's Park hasta South Kensington para almorzar temprano en uno de los cafés o restaurantes cercanos a la estación; el curri de langostinos de **Thai Square** *(thaisq.com)* es especialmente bueno.

Tarde
Dedica el resto del día a explorar alguno de los magníficos museos gratuitos de Kensington. El **Natural History Museum** *(p. 28)* guarda tesoros de los reinos vegetal y animal, con una galería de dinosaurios que encanta a los más pequeños. El anejo **Science Museum** *(p. 30)* ofrece todo tipo de experiencias inmersivas, mientras el **Victoria and Albert Museum** *(p. 129)* está repleto de preciosas piezas procedentes de las artes decorativas y del diseño. Tras las visitas, toma la Piccadilly Line hasta Covent Garden para cenar pronto en **Cora Pearl** *(p. 113)*, que sirve nueva gastronomía británica, antes de asistir a un espectáculo del **West End.**

4 DÍAS

Día 1

Comienza la visita en **Westminster Abbey** (p. 38), con más de mil años de historia, dedicando la mayor parte de la mañana a ver la majestuosa arquitectura medieval de esta iglesia real antes de caminar hacia la cercana **Parliament Square.** Admira el magnífico palacio neogótico de **Westminster** (p. 91), sede de las dos cámaras del gobierno británico, y su emblemática torre del reloj Victoria, más conocida como Big Ben. Dirígete a la **Tate Britain** (p. 92) y come algo en el **Djanogly Café** antes de recorrer su colección, con obras de grandes pintores británicos. Toma la Victoria Line desde Pimlico hasta Green Park y disfruta comprando en los grandes almacenes **Fortnum & Mason** (p. 126) y cena de lujo en el restaurante con una estrella Michelin **Wild Honey** (p. 127), en Mayfair.

Día 2

Vale la pena dedicar un par de horas a visitar **St. Paul's Cathedral** (p. 44), una maravilla arquitectónica repleta de

📷 **VISTAS**
El Sky Garden (p. 85) es un gran invernadero en la planta 43 de The Fenchurch Building (el "Walkie-Talkie"), con cafetería y bares desde los que disfrutar de increíbles vistas rodeado de vegetación.

preciosas obras de arte, tumbas y monumentos conmemorativos. Después, da un paseo hacia el oeste por **Fleet Street** y los callejones de la zona medieval: uno de ellos conduce a la derecha hasta **Ye Olde Cheshire Cheese** (p. 147), una posada que data de 1667, y otros a la izquierda llevan a los Inns of Court y a la antigua **Temple Church** (p. 113). Tras comer en uno de los numerosos restaurantes de Covent Garden, **Souk** (p. 113) siempre es una buena opción, dirígete a pie a la **National Portrait Gallery** (p. 99) o la **National Gallery** (p. 26), las dos en Trafalgar Square, para pasar el resto de la tarde; no importa no poder ver las dos, ambas son excelentes. Termina el ajetreado día con una cena en el restaurante **Yauatcha** (p. 105), en el Soho, seguida de música de jazz en directo en **Ronnie Scott's** (p. 103).

Día 3

Sal temprano para visitar el **cementerio de Highgate** (p. 153), un lugar repleto de fascinante arquitectura victoriana y tumbas evocadoras, como la de Karl Marx. Toma un tren de la Northern Line hacia el sur desde Archway hasta Camden Town para explorar las pintorescas calles junto a los canales de **Camden Market** (p. 151), comprarte un capricho y almorzar en uno de los puestos de comida. Desde Camden Town, toma la Northern Line hacia Tottenham Court Road y el **British**

Cúpula y torres de St Paul's Cathedral brillando bajo el sol

Bajo la cubierta de cobre del *Cutty Sark*

Día 4

La última mañana comienza con una vuelta en el **London Eye** *(p. 34)*, para luego disfrutar de una perspectiva diferente a bordo del crucero Thames Clipper *(p. 173)* que lleva hasta el animado barrio de Greenwich *(p. 158)*. Tras explorar el restaurado ***Cutty Sark*** *(p. 69)*, recorre los puestos de **Greenwich Market** y almuerza en un puesto local. Sube la colina de Greenwich Park *(p. 59)* hasta el **Royal Observatory,** con unas vistas impresionantes. Regresa al río para visitar el **Naval College and National Maritime Museum** *(p. 50)* antes de cenar en la histórica **Trafalgar Tavern** *(p. 161)*.

Museum *(p. 22)*, que alberga más de 8 millones de valiosos objetos de culturas de todo el mundo. El resto del día puedes dedicarlo a explorar este inmenso museo antes de tomar la Piccadilly Line de metro hacia el norte hasta King's Cross para una excelente cena en **Dishoom** *(p. 155)*.

COMPRAR
La emblemática Oxford Street es una zona comercial de Londres en la que se encuentra una gran variedad de firmas conocidas y tiendas insignia.

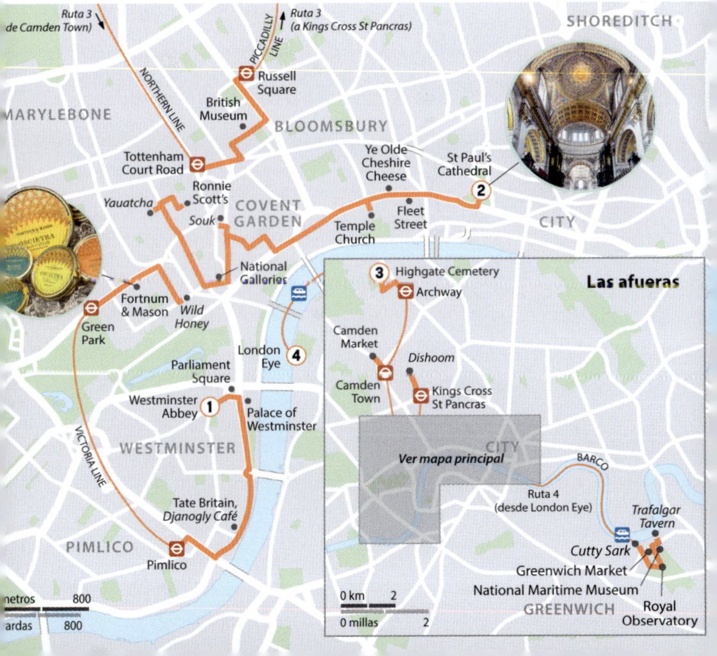

TOP 10 LONDRES

El British Museum

LO ESENCIAL DE
LONDRES

Londres cuenta con algunos lugares que no debes perderte. Descubre en las páginas siguientes por qué cada uno de ellos es una visita obligada.

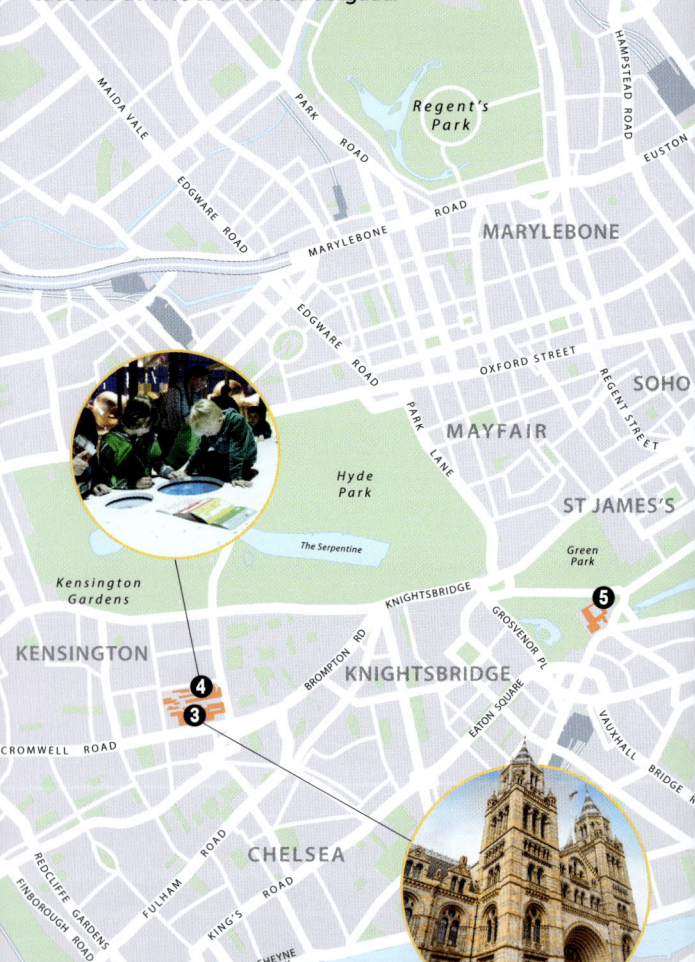

0 metros 500
0 yardas 500

ISLINGTON

DALSTON

YORK WAY

CALEDONIAN ROAD

UPPER STREET

NEW NORTH ROAD

EAST RD

KINGSLAND ROAD

PENTONVILLE ROAD

CITY ROAD

ROAD

FINSBURY

SHOREDITCH

OLD STREET

GREAT EASTERN ST

BLOOMSBURY

❶

HOLBORN

COVENT GARDEN

❿

CITY

Millennium Bridge

Blackfriars Bridge

Southwark Bridge

❷

Támesis

Waterloo Bridge

❼

London Bridge

❾

SOUTH BANK

❻

Westminster Bridge

❽

WESTMINSTER

Lambeth Bridge

LAMBETH

KENNINGTON LANE

KENNINGTON PARK RD

Vauxhall Bridge

KENNINGTON OVAL

❶ British Museum

❷ National Gallery

❸ Natural History Museum

❹ Science Museum

❺ Buckingham Palace

❻ London Eye

❼ Tate Modern

❽ Westminster Abbey

❾ Torre de Londres

❿ St Paul's Cathedral

1

BRITISH MUSEUM

📍 L1 🏛 Great Russell St WC1 🕐 10.00–17.00 diario (hasta 20.30 vi)
🌐 britishmuseum.org

El museo público nacional más antiguo del mundo alberga incontables tesoros que abarcan la historia de la humanidad desde la prehistoria hasta nuestros días. La colección se creó en 1753 con el legado del médico *sir* Hans Sloane y se amplió rápidamente con la adquisición de antigüedades de todo el mundo, un hecho que sigue suscitando un agrio debate.

1 Esculturas del Partenón

Este espectacular friso del Partenón, del siglo V a. C., fue realizado en la época de Pericles y muestra una procesión en honor de la diosa Atenea. Lo trajo *lord* Elgin, embajador en Constantinopla, en 1801.

2 Gato momificado

En el antiguo Egipto se momificaban los gatos y los toros sagrados. Este gato es de Abydos y data

Plano del British Museum

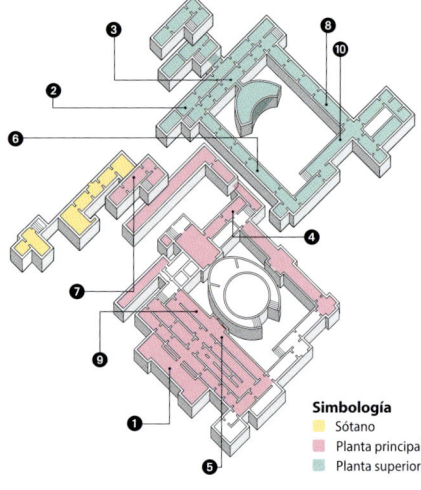

Simbología
- 🟨 Sótano
- 🟥 Planta principal
- 🟩 Planta superior

Momia egipcia de un gato adulto

del año 1 d. C. Muchas divinidades egipcias tomaban formas animales, como puede observarse en los murales y en otros objetos.

3 El carnero en los arbustos

Este inestimable ornamento, decorado con hojas de oro, cobre y lapislázuli, procede de Ur, en Sumeria, una de las civilizaciones más antiguas de

la historia. También se exponen juegos e instrumentos musicales.

4 Mosaico de serpiente con doble cabeza

Este adorno azteca tallado en madera y forrado de turquesas, probablemente se llevaba en el pecho durante las ceremonias.

5 Piedra Rosetta

En 196 a. C. los sacerdotes egipcios escribieron un decreto

La entrada principal neoclásica del British Museum

sobre Ptolomeo V en esta estela de granito, en griego demótico y con jeroglíficos. Hallada en 1799, fue esencial para descifrar la escritura ideográfica egipcia.

6 Jarrón de Portland
Hallado probablemente en un monumento funerario en Monte del Grano, cerca de Roma, este exquisito jarrón del siglo I de cristal azul y opaco recibió ese nombre porque perteneció a la duquesa de Portland. Fue restaurado en 1845, tras romperlo un visitante en 200 trozos.

7 Jarrones de David
Estas vasijas de porcelana blanquiazul de *c.* 1351 se hicieron en Jingdezhen, China. Tienen asas con forma de cabeza de elefante y otros motivos.

8 Tesoro de Mildenhall
Uno de los tesoros ingleses más antiguos

son estos platos del siglo IV, hallados en Mildenhall, en Suffolk. Su decoración incluye ninfas, sátiros e incluso a Hércules.

9 Ramsés II
Esto es todo lo que queda de la colosal estatua de granito de Ramsés II (*c.* 1250 a. C.), procedente de su templo en Tebas. Se dice que su llegada a Inglaterra en el siglo XIX inspiró al poeta Percy Bysshe Shelley a escribir el poema *Ozymandias*.

Estatua del faraón egipcio Ramsés II

 GUÍA DEL MUSEO
Hay mapas gratuitos y las guías se venden en el mostrador de información.
Se comienza a la izquierda de la entrada principal en las galerías asiria, egipcia, griega y romana. En la planta superior están las momias egipcias. La colección asiática ofrece un cambio respecto a las obras clásicas, así como las galerías inglesas y europeas en el lado este.

10 Ajedrez de Lewis
Estas piezas talladas de ajedrez, del siglo XII, proceden de Noruega y se hallaron en la isla de Lewis, en Escocia. El ajedrez incluye reyes sentados, reinas, alfiles, caballos, guerreros y peones, realizados todos ellos en marfil de morsa. Hay 78 piezas en el British Museum y en el National Museum of Scotland.

Colecciones del British Museum

1. Oriente Próximo
Entre lo más destacado están estos bajorrelieves de 2.600 años de antigüedad que muestran escenas del palacio asirio de Nínive.

2. Antiguo Egipto y Sudán
La serie de momias y sarcófagos se encuentran en una de las colecciones más grandes del mundo.

3. África
Esta sala cuenta con una gran colección de esculturas, telas y artes gráficas, incluyendo los famosos bronces de Benín, saqueados en 1897 y reclamados por Nigeria.

4. Asia
Relieves budistas en piedra, porcelana china, objetos del Imperio mogol y una variedad de objetos japoneses, todo ello distribuido en varias salas.

5. Grecia y Roma
Varias salas exhiben las maravillas del mundo clásico. Destacan las esculturas que decoraron el exterior del Partenón y las estatuas colosales del mausoleo de Halicarnaso.

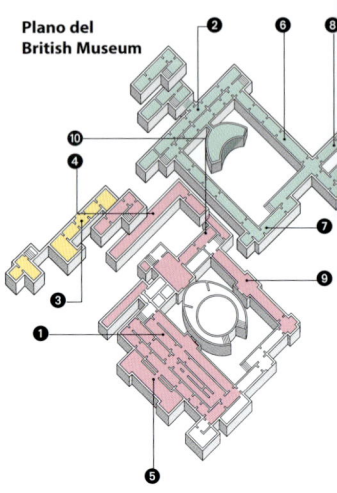

Plano del British Museum

6. Prehistoria y Europa
Esta colección incluye desde el Hombre de Lindow, el cuerpo de un hombre del siglo I d. C. que se conservó en un pantano de turba, y el tesoro funerario de un rey anglosajón del siglo VII hallado en Sutton Hoo (Suffolk). Se exhiben también piezas de artes decorativas como joyas de época medieval y relojes renacentistas.

7. Dinero
La exposición recorre la historia del dinero a lo largo de 4.000 años, desde monedas de concha hasta sistemas de pago digital.

8. Mundo islámico
La asombrosa exposición de objetos abarca desde África occidental hasta el sureste asiático y comprende desde el siglo VII hasta la actualidad.

9. La Ilustración
La sala más antigua del museo muestra la colección original del siglo XVIII, con piezas de todo el mundo.

10. América
Relieves de Yaxchilán, que muestran la práctica de una flebotomía, están entre lo más destacado de la colección de México.

Magnífico busto en mármol de Herodes Atticus

LA GREAT COURT

TOP 10
LECTORES CÉLEBRES

1. Karl Marx *(1818-1883)*, filósofo y revolucionario alemán

2. Mahatma Gandhi *(1869-1948)*, líder hindú

3. Oscar Wilde *(1854-1900)*, famoso dramaturgo y hombre de ingenio

4. Virginia Woolf *(1882-1941)*, novelista de Bloomsbury

5. W. B. Yeats *(1865-1939)*, poeta y dramaturgo irlandés

6. Thomas Hardy *(1840-1928)*, novelista y poeta inglés

7. George Bernard Shaw *(1856-1950)*, dramaturgo irlandés

8. E. M. Forster *(1879-1970)*, novelista inglés

9. Marcus Garvey *(1887-1940)*, activista político jamaicano

10. Leon Trotsky *(1879-1940)*, revolucionario ruso

El famoso arquitecto Norman Foster

Diseñada por el arquitecto *sir* Norman Foster e inaugurada en 2000, esta ampliación es la joya arquitectónica del museo, una transformación del patio interior del siglo XIX. El patio está cubierto con un elegante techo de cristal, que lo convierte en la plaza interior más grande de Europa y alberga tiendas, cafés, la taquilla principal y el punto de información. Tiene un techo cubierto por 3.312 paneles de cristal que rodea la abovedada Sala de Lectura, construida en 1857 basándose en la estructura abovedada del Panteón de Roma. Fue la sede de la British Library, una de las más importantes colecciones de libros y manuscritos y el lugar de trabajo de algunos de los más grandes escritores de Londres. La colección está ahora dividida entre un gigantesco edificio construido ex profeso en St Pancras y otra sede en la ciudad de Boston Spa, en Yorkshire.

La Sala de Lectura, en el centro de la Great Court

2

NATIONAL GALLERY

📍 L4 🏛 Trafalgar Sq WC2 🕐 10.00-18.00 diario (hasta 21.00 vi)
🌐 nationalgallery.org.uk ✆

La National Gallery alberga una de las mayores colecciones de pintura de los siglos XIII al XX. La colección se estableció en 1824 a partir de varias donaciones al Estado, y tras una rápida expansión se instaló en el edificio actual. En 2024-2025 celebra su bicentenario con un interesante programa de eventos.

1 *El matrimonio Arnolfini*
Este retrato de un banquero italiano y su mujer en Brujas es una de las pinturas más famosas de la colección de arte flamenco. Jan van Eyck (c. 1390-1441) alcanzó con la pintura al óleo las más altas cotas de novedad y brillantez.

2 *Díptico Wilton*
Esta exquisita obra maestra del gótico, de autor desconocido, muestra a san Juan Bautista, san Eduardo y san Edmundo encomendando al rey Ricardo II a la Virgen.

3 *Los girasoles*
Van Gogh (1853-1890) pintó con su inimitable estilo este cuadro en Arlés (Francia) durante un periodo de optimismo, mientras esperaba la llegada de su héroe, el pintor vanguardista Paul Gauguin.

4 *La Virgen de las Rocas*
Esta obra maestra del Renacimiento, de Leonardo da Vinci (1452-1519), fue originalmente pintada con otros dos paneles para decorar el altar de una iglesia de Milán. La Virgen y el Niño con san Juan Bautista y

CONSEJO TOP 10

Tras explorar el museo, hay que visitar la aneja National Portrait Gallery (p. 99).

un ángel se representan en un extraño paisaje con cavernas.

5 *Autorretrato como santa Catalina de Alejandría*
La pintora italiana Artemisia Gentileschi (1593-1653) se pintó como la santa mártir en esta obra. Su expresión es de resiliencia, tras

Obras de arte expuestas en la National Gallery

liberarse de la rueda con púas en la que estaba atada y torturada.

6 Mujer de pie tocando el clavicémbalo

Las obras del pintor holandés Johannes Vermeer (1632-1675) transmiten sosiego. Muchos de sus interiores fueron pintados en su propia casa.

7 El patio del cantero

Una de las obras del siglo XVIII más famosas del museo es *El patio del cantero* de Canaletto, que muestra una vista tradicional veneciana. Se cree que fue el encargo de un mecenas local.

8 Los embajadores

En este doble retrato de Hans Holbein el Joven (*c.* 1497-1543), de 1533, abundan los símbolos, como la calavera reducida que predice la muerte.

9 La Venus del espejo

Esta obra, pintada en Roma para remplazar a una pintura veneciana perdida, es el único desnudo de Diego Velázquez (1599-1660), pintor de la corte española de Felipe IV. Venus, diosa del amor, es sensualmente representada con su hijo Cupido, que le sostiene un espejo para ver su reflejo.

10 Bañistas en La Grenouillière

El impresionista Claude Monet (1840-1926)

estudió los efectos de la luz en el agua en un conocido lugar de baño junto al Sena y próximo a Bougival, al oeste de París, La Grenouillière, donde trabajó con su colega Pierre-Auguste Renoir.

GUÍA DEL MUSEO

La mayoría de la colección está en la segunda planta y las exposiciones temporales ocupan la planta baja. Las galerías de pintura del ala Sainsbury están cerradas por reforma pero sus pinturas se han distribuido por el resto de las galerías del museo.

Desde la derecha, en el sentido de las agujas del reloj **Admirando las obras maestras de la National Gallery;** *Los girasoles* **de Van Gogh;** *La Venus del espejo,* **una de las obras más célebres de Velázquez**

3

NATURAL HISTORY MUSEUM

⊙ B5 ⌂ Cromwell Rd SW7 ⊙ 10.00–17.50 diario (última admisión: 17.30)
☎ 24–26 dic ⊕ nhm.ac.uk

En la magnífica colección del Museo de Historia Natural hay unos 80 millones de especímenes. Fue el depósito que albergó todo lo que trajeron de sus viajes Charles Darwin y el botánico Joseph Banks. Hoy es el paraíso para los amantes de la botánica, la zoología y la geología, que combina exposiciones tradicionales e innovadoras.

1 Fósiles
Los reptiles marinos de la época de los dinosaurios han sobrevivido en forma de fósiles, como una hembra embarazada de ictiosaurio, que vivió hace 178-187 millones de años. Fue hallada en un jardín de Dorset.

2 Treasures (Cadogan Gallery)
Tesoros es un título apropiado para esta gran colección, que guarda una primera edición de *El origen de las especies* de Darwin y un fósil de *Archaeopteryx*, el primer esqueleto de dinosaurio encontrado. Las piezas que se exponen fueron

Simbología
■ Planta baja
■ Primera planta
■ Segunda planta

Plano del Natural History Museum

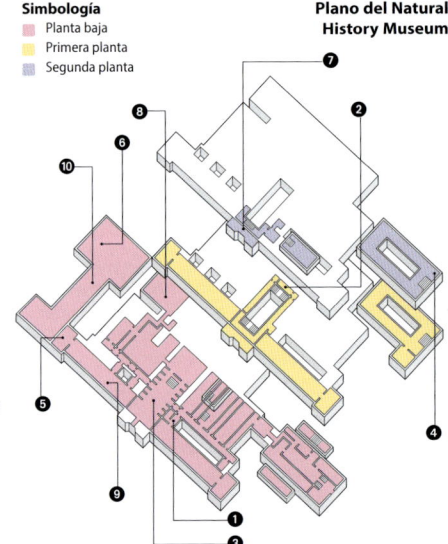

Maqueta en cristal de un organismo marino

elegidas por su importancia científica e histórica.

3 Hintze Hall
Tras una importante restauración en 2017, el esqueleto de un diplodocus, llamado "Dippy", de la sala principal del museo fue sustituido por el esqueleto de una ballena azul. En las hornacinas de los lados de la sala se

encuentran otras estrellas del museo, como el mastodonte americano.

4 Simulador de terremotos
Una escalera sale del Earth Hall y atraviesa un globo terráqueo para llegar a la Red Zone, donde se puede sentir el terremoto de Kobe de 1995 dentro de la maqueta de un supermercado japonés.

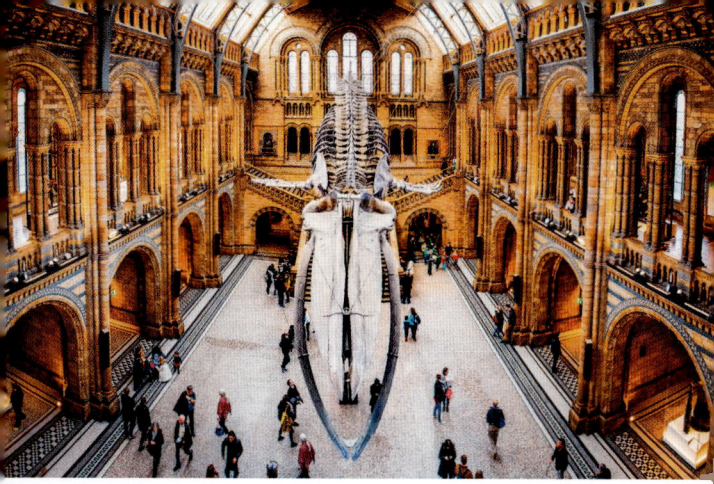

Esqueleto de 25,5 m de largo de una ballena azul colgando en el Hintze Hall

GUÍA DEL MUSEO

El museo está dividido en cuatro secciones: la zona azul, que incluye las galerías de dinosaurios y de mamíferos; la zona verde, que incluye la galería de los tesoros; la zona naranja, en la que se encuentra el Darwin Centre; y la zona roja, que incorpora las muestras geológicas.

5 Imágenes de la Galería de la Naturaleza

Esta galería expone la colección de obras de arte del museo, que incluyen impresiones de escáner micro-CT y fotografías. Más de 100 piezas que abarcan de los últimos 350 años.

6 Colección Spirit

Dentro de la enorme colección de especímenes zoológicos conservados en alcohol se incluyen los recogidos por Charles Darwin y James Cook.

7 Secuoya gigante

Este segmento de secuoya de 5 m de diámetro perteneció a un ejemplar de 1.300 años que medía 101 m de alto y se taló en California en 1891. Tuvo que ser cortado en 12 trozos para embarcarlo hacia Gran Bretaña. Se halla en el balcón superior del Hintze Hall.

8 Ballena Azul

La Galería de Mamíferos alberga esta fascinante exposición, donde tanto mamíferos modernos como sus antepasados fosilizados parecen pequeños en comparación con la impresionante maqueta de tamaño natural de una ballena azul, el animal más grande que existe.

9 Dinosaurios

La estrella de la galería es un gran *Tiranosaurus rex* animado, que se mueve, ruge y olfatea. También se pueden ver muestras de esqueletos y huevos fosilizados. En el lugar de honor del Earth Hall está Sophie de 6 m, el mejor esqueleto fosilizado de estegosaurio que se conserva.

10 Darwin Centre

Uno de los atractivos del centro es Cocoon, un espacio de ocho pisos con forma de huevo en el que los visitantes pueden ver cientos de especies de mariposas, insectos y plantas.

CONSEJO TOP 10

El mostrador del Central Hall ofrece información sobre visitas autoguiadas.

Exposición de insectos en el Darwin Centre

4

SCIENCE MUSEUM

📍 B5 🏛 Exhibition Rd SW7 🕐 10.00–18.00 diario (última admisión: 17.15)
📅 24–26 dic 🌐 sciencemuseum.org.uk

Este museo explora el mundo de la ciencia a través de siglos de desarrollo científico y muestra cómo los británicos lideraron la Revolución Industrial gracias a la máquina de vapor, la navegación y el inicio de la aviación. Alberga exposiciones sobre ciencia y tecnología como la galería Energy Revolution, que plantea cómo hacer frente al cambio climático.

1 Exploring Space
Se pueden ver cohetes, satélites, sondas espaciales y aterrizadores y saber más del Sputnik, el primer satélite del mundo, cómo se envían naves a otros planetas y cómo se camina sobre la Luna.

2 Information Age
La difunta reina Isabel II inauguró esta fascinante exposición con su primer tuit en 2014. Está dividida en seis secciones y cubre 200 años de comunicación y tecnología de la información, desde los

primeros telegramas hasta Internet y los teléfonos móviles.

3 Medicine
Las exposiciones incluyen una farmacia victoriana, una celda acolchada y objetos de la extraordinaria colección

> 🛍 **COMPRAR**
> La tienda del museo ofrece una selección de objetos, juguetes, libros, coleccionables y regalos originales basados en las colecciones del museo.

médica del empresario farmacéutico Henry Wellcome.

4 Puffing Billy
Puffing Billy es el ingenio de locomoción a vapor más antiguo del mundo. Fue construido en Inglaterra en 1813 y utilizado para transportar carbón. Se exhiben otras muchas maravillas de la ingeniería, como un Ford modelo T o un cohete V-2.

5 Módulo principal del *Apolo 10*
El módulo principal del *Apolo 10*, que orbitó

Plano del Science Museum

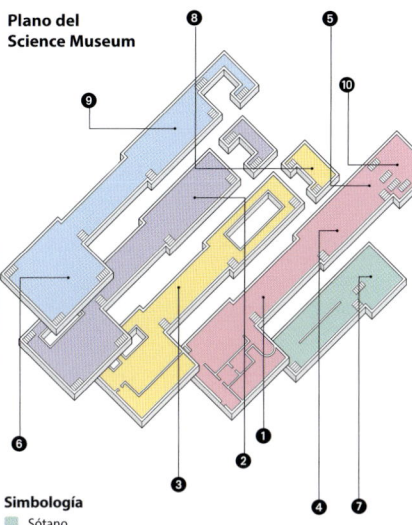

Simbología
- Sótano
- Planta baja
- Primera planta
- Segunda planta
- Tercera planta

Exposiciones interactivas en la galería Who Am I?

alrededor de la Luna en mayo de 1969, puede verse aquí, junto a una réplica del *Apolo 11*. Buzz Aldrin y Neil Armstrong viajaron en el original en julio de 1969, y fueron los primeros hombres en pisar la Luna.

6 Wonderlab: The Equinor Gallery
Este museo interactivo con 50 exposiciones cautiva a niños de 7 a 14 años, a quienes está dirigido principalmente. Desde el tobogán de fricción hasta los rayos, nunca había sido tan divertido aprender sobre ciencia.

7 Power Up
Esta experiencia lúdica abarca 50 años de consolas, incluidos juegos de realidad virtual. Se puede jugar a todos los clásicos o a videojuegos en modo multijugador.

8 Who Am I?
Esta galería presenta lo último en neurociencia y genética a través de exposiciones interactivas y muestras.

Una de las exposiciones del Science Museum

9 Flight
Esta exposición está llena de aviones extraordinarios que reflejan los logros tanto británicos como internacionales en la aviación. Destaca el *Gipsy Moth* de Amy Johnson y el biplano *Vickers Vimy*, el primero en cruzar el Atlántico sin escalas en 1919.

10 IMAX: The Ronson Theatre
Este cine vanguardista con la última tecnología láser, cuenta con una de las pantallas más grandes de Londres, más alta que cuatro autobuses de dos pisos. Un sistema de sonido envolvente de 12 canales sumerge por completo en la acción.

COMER
Aunque el museo cuenta con varios sitios para comer, otra opción es preparar un pícnic y caminar hasta Hyde Park, un lugar perfecto para ir con niños.

5

BUCKINGHAM PALACE

📍 J6 🏛 Buckingham Palace SW1 🕐 Los horarios varían, consultar la página web 🌐 rct.org.uk 🔗

El palacio de Buckingham, el más famoso de Londres, fue construido como residencia por el primer duque de Buckingham hacia 1705. La primera residente del edificio fue la reina Victoria tras su subida al trono en 1837. El palacio es la residencia actual del rey; las salas de Estado y las caballerizas permanecen abiertas al público durante el verano y la Queen's Gallery todo el año.

1 Cambio de guardia
La guardia, con sus casacas rojas y sus

gorros de piel de oso, hace el relevo a las 11.00 los lunes, miércoles, viernes y domingos (y casi todos los días en verano), si el tiempo lo permite. Los guardias van hacia el palacio desde los cuarteles de Wellington.

2 Queen's Gallery
La galería alberga un programa temporal de exposiciones de las obras maestras de la Royal Collection, con trabajos de artistas como Johannes Vermeer y Leonardo da Vinci.

CONSEJO TOP 10
Los horarios del cambio de guardia varían; consultar con antelación (p. 84).

3 Balconada
En ocasiones especiales, el rey y otros miembros de la familia real se asoman a la balconada del palacio para saludar a la multitud.

4 Salas de Estado
La entrada de los Embajadores conduce hasta el Grand Hall.

Guardia del Royal Palace en uniforme tradicional

Majestuosa fachada de Buckingham Palace

6 Picture Gallery
Una de las salas más grandes del palacio tiene una cúpula acristalada y guarda magníficas pinturas de la Colección Real, con obras de Van Dyck, Rembrandt y Rubens.

7 Brougham
Todos los días, un carruaje Brougham tirado por caballos sale para recoger y entregar la paquetería real entre Buckingham Palace y St James's Palace.

8 Jardín del palacio
El jardín del palacio, de 16 hectáreas, es un oasis para los animales y cuenta con un gran lago. Se hacen visitas guiadas. En este jardín real se celebran al menos tres grandes fiestas anuales, a las que acuden más de 30.000 de invitados.

9 Sala de Baile
Los banquetes en honor de los jefes de Estado

Desde aquí parte la escalinata, con su balaustrada dorada, hacia la primera planta, donde están las regias salas de Estado.

5 Salón del Trono
Alberga los tronos utilizados en la coronación de la reina Isabel II y del príncipe Felipe. El salón, diseñado por John Nash, tiene un techo profusamente ornamentado y suntuosas lámparas.

LA VIDA EN PALACIO

Las oficinas centrales de la monarquía están emplazadas en Buckingham, y tienen una plantilla de alrededor de 800 empleados. Algunos miembros de la familia real tienen despacho en palacio, pero debido a las obras de restauración han tenido que trasladarse temporalmente a St James's Palace. El fin de las obras está previsto para 2027. El cargo más relevante de la Casa Real es *lord* chambelán. El jefe de la Casa Real y los empleados organizan numerosas recepciones al año, incluidas las ceremonias de entrega de premios ofrecidos por el rey.

se celebran en esta gran sala. Al mayor evento anual, la Recepción Diplomática, en noviembre, acuden cerca de 1.000 dignatarios de unos 130 países.

10 Caballerizas reales
Son los establos más elegantes de Gran Bretaña. La colección de carrozas, automóviles y carruajes se completa con el State Coach de oro, construido para Jorge III en 1762 por Giovanni Cipriani con paneles de dioses y diosas romanos, y usado en todas las coronaciones desde 1821.

Opulento y elegante interior de la Sala de baile

6

LONDON EYE

N5 South Bank SE1 11.00–18.00 diario 2 semanas de ene, 25 dic
londoneye.com

Un verdadero prodigio de la ingeniería, esta noria de 135 metros de altura ofrece maravillosas vistas panorámicas de Londres. Fue construida para celebrar el año 2000 y desde entonces es muy popular. Sus 32 cápsulas pueden llevar a 25 personas cada una y ofrecen una visibilidad absoluta en todas las direcciones.

1 BT Tower
Esta torre de 190 m *(p. 119)*, construida para el Post Office en 1961-1964 como antena de telecomunicaciones, sigue en activo. Hasta 2024 se usaba principalmente como antena televisiva.

2 Queen Elizabeth II Bridge
En un día claro se ve este enorme puente colgante, el más oriental sobre el Támesis. Está en Dartford, a 32 km de distancia de Londres. El tráfico pasa hacia el norte por un túnel bajo el río y hacia el sur por el puente.

3 One Canada Square
Con su distintiva pirámide en la azotea, One Canada Square es el más alto de los rascacielos de Canary Wharf, el centro financiero en el corazón de Docklands, al este de la City.

4 The Shard
Diseñada por Renzo Piano, esta torre de cristal de 306 m se eleva sobre la estación London

El rascacielos The Shard, en Southwark

Bridge y ofrece un nuevo punto al horizonte de la ciudad. Este edificio de 95 plantas alberga oficinas, restaurantes y

CONSEJO TOP 10

Reservar el billete *online* con antelación para evitar las largas colas.

Una de las cápsulas del London Eye

un hotel. Hay un mirador en la planta 72 (*p. 94*).

5 Alexandra Palace
Los primeros programas de televisión pública de alta definición fueron transmitidos por la BBC desde el Alexandra Palace en 1936 (*p. 154*).

6 Crystal Palace
Esta antena de radio y televisión para el sur de la ciudad está junto al original Palacio de Cristal de la Exposición Universal de 1851, que se trasladó aquí desde Hyde Park y sufrió un incendio en 1936.

7 Houses of Parliament
La noria de Londres (actual lastminute.com

London Eye) se eleva sobre las Houses of Parliament (*p. 91*), situadas al otro lado del Támesis. Desde aquí se puede observar el Big Ben y la Terraza de los Comunes, donde los miembros del Parlamento cenan, beben y discuten de política junto al río.

8 Iglesias de Wren
La enorme cúpula de St Paul's Cathedral (*p. 44*) es la estrella de las iglesias de la City. Desde aquí se ven las agujas de otras iglesias de Wren, como la de St Bride, que tiene un diseño escalonado inspirado en las tartas de boda, y la favorita del propio arquitecto, St James's, en Piccadilly.

9 Heathrow
Al oeste de la ciudad, el aeropuerto principal de Londres es uno de los aeropuertos internacionales más importantes del mundo. El Támesis parece una pista cuando los aviones aterrizan.

El London Eye elevándose sobre el perfil urbano

10 Windsor Castle
El castillo de Windsor está emplazado junto al Támesis, en el oeste de Londres. Es el castillo más grande del mundo que permanece ocupado y la residencia favorita de la familia real.

CELEBRACIONES DEL AÑO 2000

El London Eye fue uno de los proyectos nacionales para celebrar el año 2000. El foco en Londres fue la enorme carpa del Millennium Dome, una polémica estructura construida en Greenwich para albergar una exposición nacional. Hoy sigue en uso como The O2 (*p. 77*), una sala de conciertos y eventos. Otros proyectos fueron la Tate Modern (*p. 36*), el Millennium Bridge (*p. 68*), la Great Court del British Museum (*p. 22*) y la apertura de Somerset House (*p. 107*).

TATE MODERN

📍 R4 🏠 Bankside SE1 🕐 10.00-18.00 diario (hasta 21.30 último vi de mes) 📅 24-26 dic 🌐 tate.org.uk

Ubicada en la antigua central eléctrica de Bankside, en la orilla sur del Támesis, la Tate Modern es uno de los espacios de arte más interesantes de la ciudad. No solo alberga una enorme colección de arte moderno de los principales artistas de los siglos XX y XXI, sino que también es famosa por mostrar obras menos convencionales, como una cama deshecha o unas pipas de girasol de porcelana.

1 *Linen*
La artista vanguardista rusa Natalia Goncharova (1881-1962) era conocida por desafiar las convenciones de género, sociales y artísticas. *Linen* (1913) muestra su talento para mezclar estilos pictóricos, con ropa sucia combinada con inscripciones rojas rusas. Contrasta radicalmente con *Gardening* (1908), también expuesta aquí, influida por el arte popular.

2 *Fallen Angel*
Esta escultura colgante hecha de lana,

sisal e hilo metálico fue realizada por la artista croata Jagoda Buić (1930-2022) en 1967. En su obra, Buić hacía referencia a menudo a su originaria costa dálmata.

3 **Instalaciones de la Turbine Hall**
La gran sala original de turbinas de la planta

> 🍴 **COMER**
> La cafetería de la planta 10 del Blavatnik Building ofrece aperitivos y bebidas frías y calientes, acompañadas de vistas del perfil urbano de Londres.

eléctrica es un espacio icónico utilizado para instalaciones artísticas monumentales, a menudo interactivas. La Turbine Hall, con una instalación nueva cada año más o menos, ha alojado algunas de las obras más aclamadas del mundo y revolucionado la percepción del arte contemporáneo del siglo XXI.

4 *Reborn Sounds of Childhood Dreams I*
Esta sorprendente pintura de Ibrahim El-Salahi (1930-) fue creada por el artista sudanés entre 1961 y 1965. Las

**La llamativa fachada
de la Tate Modern**

por DC Comics en 1962. El artista se servía de cómics y anuncios para presentar escenas emotivas o impactantes de un modo impersonal y distanciado.

7 La Fuente
Una de las obras más icónicas del arte del siglo XX en exposición. Muy discutida, la *Fuente* de Marcel Duchamp es un urinario firmado con un simple "R. Mutt 1917". Se trata de una réplica de 1964 ya que el original, consistente en un simple urinario, se ha perdido. Hecho de loza vidriada, fue pintado para parecerse a la porcelana original. Este objeto tan ordinario, presentado fuera de su contexto habitual, es el típico ejemplo que inspira los debates sobre qué se considera una obra de arte.

8 Las ventajas de ser mujer artista
Este llamativo cartel serigrafiado (1988) es

GUÍA DEL MUSEO
La entrada principal lleva a la Turbine Hall, en la planta 0, donde está el centro de información. También hay una entrada al Blavatnik Building desde Sumner Street. El Natalie Bell Building tiene 7 plantas, y el Blavatnik Building, 11, aunque solo 5 están actualmente en uso.

figuras, pintadas sobre algodón tejido a mano, se funden unas con otras.

5 El caracol
Este *collage* de 1953 es uno de los últimos trabajos de Henri Matisse (1869-1954), que terminó cuando ya estaba postrado en cama. Las espirales de papel representan la concha de un caracol.

6 Whaam!
Esta obra de 1963 de Roy Lichtenstein (1923-1997) se basa en una imagen de *All American Men of War*, publicado

obra de las Guerrilla Girls, un grupo anónimo de artistas estadounidenses que usan su trabajo para denunciar la discriminación racial y sexual en el mundo del arte.

9 Christ $9.98 (negativo y positivo)
Parte de un grupo de obras del famoso artista Andy Warhol (1928-1987) tituladas *Ads and illustrations*, estos dos lienzos de Cristo en blanco y negro contrastan con las famosas imágenes en color de celebridades realizadas por el artista.

10 Babel
La moderna *Torre de Babel* (2001) es una creación del artista brasileño Cildo Meireles (1948-). La enorme columna con cientos de radios produce un zumbido constante a diferentes frecuencias. Esta instalación forma parte de la muestra temática Media Networks de la Tate.

Escalera del Blavatnik Building

8

WESTMINSTER ABBEY

📍 L6   📍 20 Dean's Yard SW1   🕐 9.30–15.30 lu-vi, 9.00–15.00 sá
🌐 westminster-abbey.org 🅿️🔵

Esta abadía benedictina es un magnífico ejemplo de arquitectura gótica medieval a gran escala. La fundó en el siglo XI Eduardo el Confesor, sobrevivió a la Reforma y es lugar oficial de las ceremonias reales. Aquí tuvo lugar el funeral de Estado de la reina Isabel II en 2022 y la coronación de Carlos III en 2023.

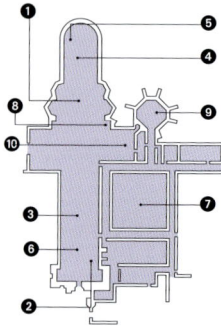

Plano de Westminster Abbey

1 St Edward's Chapel

El sepulcro de Eduardo el Confesor (c. 1003-1066), último rey sajón, está situado en el corazón de Westminster Abbey.

2 Silla de la coronación

Esta silla se realizó para Eduardo I en 1301. Cuando se emplea para las coronaciones, se sitúa frente al altar mayor, sobre un estrado de mosaicos del siglo XIII. En 1727 se le añadieron cuatro leones dorados que forman las patas de la silla.

3 Nave

Se tardaron 150 años en construir esta nave gótica de 31 m, la más alta de Inglaterra, sustentada por arbotantes en el exterior. Fue diseñada por el gran arquitecto del siglo XIV Henry Yevele, basándose en planos de 100 años atrás.

4 Lady Chapel

La espectacular bóveda de abanico construida sobre la nave este en la ampliación de la iglesia es de estilo gótico tardío. Levantada por Enrique VII (1457-1509), consta de dos naves laterales y cinco capillas más pequeñas; en ella están enterrados 15 reyes y reinas.

5 Tumba de Isabel I

La gran reina protestante de Inglaterra (1553-1603), de la casa Tudor, está enterrada en una enorme tumba de mármol que se completa con su efigie yacente en un lateral de la Lady Chapel. En la vidriera oeste aparece representada Isabel junto a *sir* Walter Raleigh. María, su gran rival y prima hermana, la católica reina de Escocia (decapitada en 1587), está en el lado opuesto. Jacobo I llevó sus restos a la abadía en 1612.

6 Tumba del soldado desconocido

Un soldado de la Primera Guerra Mundial descansa

La fachada oeste con sus torres

Lady Chapel, un glorioso ejemplo de arquitectura tardomedieval

CONSEJO TOP 10

El coro canta durante las Vísperas (17.00) los días laborables (excepto mi).

aquí desde 1920. Su tumba representa a los fallecidos en la guerra.

7 Claustros
El corazón del antiguo monasterio benedictino era la zona de mayor actividad. En la parte este aún pueden verse los restos de la iglesia normanda, la cripta y la cámara del sagrario, donde se comprobaban las monedas en época medieval.

8 The Queen's Diamond Jubilee Galleries
Este museo, situado en el triforio medieval, muestra tesoros de la colección de la abadía. El triforio ofrece unas magníficas vistas a las Houses of Parliament

y el interior de la iglesia. El acceso a las galerías es por Weston Tower mediante una escalera o un ascensor.

9 Sala capitular
Esta construcción octogonal es donde se reunían los monjes. La Cámara de los Comunes se reunió aquí por un tiempo en el siglo XIV. Se cree que la puerta de la entrada cubierta es la más antigua de Gran Bretaña.

10 El rincón de los poetas
En el crucero sur hay monumentos dedicados a grandes literatos, como Shakespeare y Dickens.

Delicadas esculturas del rincón de los poetas

HISTORIA DE LA ABADÍA

Entre los años 909 y 988, san Dunstan y un grupo de monjes benedictinos establecieron aquí un monasterio sobre lo que era la cenagosa isla de Thorney. Eduardo el Confesor refundó el monasterio y levantó la iglesia actual en 1065. Guillermo el Conquistador fue coronado aquí en 1066. El arquitecto de Enrique III, Henry of Reyns, comenzó la ampliación en 1245. La nave principal se completó en 1376. El extremo oriental se debe a Enrique VII, que financió la construcción de la Lady Chapel. Entre 1734 y 1745, Nicholas Hawksmoor terminó las torres gemelas de la fachada oeste.

TORRE DE LONDRES

📍 H4 🚇 Tower Hill EC3 🕐 Los horarios varían, consultar la página web
🚫 24-26 dic 🌐 hrp.org.uk 📷📷

La gran fortaleza de Londres se recuerda solo como una prisión, pero tiene un pasado más diverso. La Torre Blanca, en origen parte de una fortificación en anillos, fue construida por Guillermo I el Conquistador. Albergó el arsenal de la ciudad, las joyas de la Corona, una casa de fieras y la Casa Real de la Moneda, y fue ampliada por varios monarcas.

1 Yeoman Warders
Los 32 hombres y mujeres que forman parte de los alabarderos reales conocidos como *beefeaters* son militares y se encargan de organizar y conducir las visitas guiadas que incluye la entrada a la torre.

2 Torre Sangrienta
La exposición muestra la oscura historia de la torre (p. 42), escenario de actos luctuosos, como el posible asesinato de los pequeños príncipes, hijos y herederos de Eduardo IV.

3 Torre Blanca
El corazón de la fortaleza es una sólida torre de 30 metros de altura con muros de 5 metros de grosor. Se construyó bajo el mandato de Guillermo I y se concluyó en 1100. Es el edificio superviviente más antiguo de la torre. En 1240 fue pintada de blanco.

4 Corona imperial
Es la mejor de las 12 coronas que se encuentran en la Jewel House. Tiene 2.868 diamantes y se cree que el zafiro en la parte superior procede del reinado de Eduardo el

Plano de la Torre de Londres

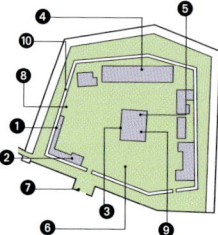

Confesor (1042-1066). La corona se realizó para la coronación de Jorge VI en 1937.

5 Capilla de San Juan Evangelista
Es la más hermosa de las iglesias normandas de

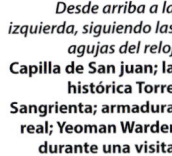

Desde arriba a la izquierda, siguiendo las agujas del reloj **Capilla de San juan; la histórica Torre Sangrienta; armadura real; Yeoman Warder durante una visita**

Londres y, en gran parte, mantiene su forma original. Está en el piso superior de la Torre Blanca. En 1399, con motivo de la procesión de coronación de Enrique IV, 40 nobles caballeros velaron sus armas aquí. Después, tomaron un baño de purificación y el rey los ordenó como los primeros caballeros de la Orden de Bath. Todavía se usa como capilla real.

6 Cuervos
La torre tiene una colonia de cuervos y, según cuenta la leyenda, cuando estos abandonen la Torre de Londres, esta y la monarquía caerán. Actualmente, los cuervos están al cuidado del Ravenmaster.

La imponente Torre de Londres

7 Puerta de los Traidores
La puerta de roble y hierro de la muralla exterior se utilizó para introducir a los prisioneros en la torre.

8 Torre Beauchamp
Las paredes están grabadas con grafitis de prisioneros de la torre, entre ellos poderosos nobles. La torre toma el nombre de Thomas Beauchamp, entonces conde de Warwick, encarcelado aquí entre 1397 y 1399 por Ricardo II.

9 The Line of Kings
Esta exposición procedente de la colección de la armería real lleva mostrando durante 350 años las armas y armaduras de los monarcas, expuestas junto a esculturas de caballos.

10 Torre Verde
Histórico lugar de ejecución de la nobleza, aquí decapitaron a 10 personas, entre ellas a tres reinas: Jane Grey (1554) y dos esposas de Enrique VIII, Ana Bolena (1536) y Catalina Howard (1542).

HISTORIA DE LA TORRE
La Torre Blanca de Guillermo I tenía la misión de defender Londres de los ataques externos. Enrique III construyó el muro interior con sus 13 torres y trajo las joyas de la Corona. El arsenal de la ciudad se custodiaba aquí, y bajo el reinado de Enrique VIII se amplió la armería real. Jacobo I fue el último monarca que utilizó la torre como residencia.

Prisioneros en la torre

1. Obispo de Durham
El primer prisionero político de la Torre Blanca fue Ranulf Flambard, obispo de Durham. Fue considerado responsable de la impopular política de Guillermo II, predecesor de Enrique I, quien lo encarceló en el año 1100.

2. Enrique VI
Durante la guerra de las Rosas, entre las familias de York y Lancaster, Enrique VI fue encarcelado en la Torre Wakefield cinco años, y murió como prisionero aquí en 1471.

3. Los pequeños príncipes
El asesinato en 1483 de Eduardo, de 12 años, y Ricardo, de 10, dio a la Torre Sangrienta su nombre. Algunos creen que fue su tío, Ricardo III.

Retrato de *sir* Tomás Moro, encarcelado y ejecutado en la torre

4. Lady Jane Grey
En 1553, *lady* Jane Grey fue reina durante solo 9 días. Con 16 años, fue encerrada en la Torre Verde y más tarde ejecutada por orden de la reina María I.

5. Esposas de Enrique VIII
Algunas de las prisioneras más famosas de la torre, como las esposas decapitadas de, Enrique VIII, Ana Bolena y Catalina Howard, están enterradas en la capilla real de San Pedro.

6. *Sir* Tomás Moro
El canciller de Enrique VIII, Tomás Moro, fue encarcelado en la Torre de la Campana por negarse a aprobar su matrimonio con Ana Bolena. Fue decapitado en 1535.

7. Mártires católicos
Bajo el reinado de Isabel I (1558-1603), fueron ejecutados muchos católicos. Algunos fueron encerrados en la Torre de la Sal.

8. John Gerard
El sacerdote jesuita Gerard escapó de la Torre Cradle con un compañero en 1597.

9. Guy Fawkes
El más famoso de los conspiradores católicos, Guy Fawkes, intentó estallar el Parlamento y al rey Jacobo I en 1605. Se quema su efigie cada año el 5 de noviembre.

10. Rudolf Hess
Uno de los últimos presos de la torre fue este político nazi, encarcelado en 1941, cuando vino a Inglaterra a pedir la paz.

Lugares de encarcelamiento

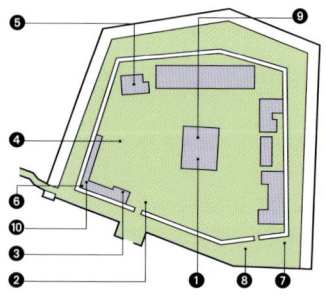

LAS JOYAS DE LA CORONA

TOP 10
JOYAS DE LA CORONA

1. Corona imperial
2. Corona de St Edward
3. Corona imperial de la India
4. Corona de la reina Victoria
5. Cetro real
6. Espada del Estado
7. Corona de Jorge IV
8. Anillo del soberano
9. Orbe del soberano
10. Cetro del soberano

Corona imperial de la India

Los suntuosos objetos y joyas que constituyen los atributos ceremoniales de la soberanía están custodiados en la Torre de Londres. La colección data de 1661, cuando se renovaron los símbolos reales destruidos por Cromwell tras la ejecución de Carlos I en 1649. La corona de St Edward, de oro puro, fue la primera corona de las diez de este nuevo conjunto de joyas y es la más antigua. Otras joyas expuestas son: un orbe de oro con piedras incrustadas, de 1661, y un cetro con el Cullinan 1, un diamante trasparente de 530 facetas, el más grande del mundo. El anillo del soberano, fabricado para Guillermo IV, se denomina "el anillo de bodas de Inglaterra".

El rey Carlos III y la reina Camila durante su coronación en 2023

ST PAUL'S CATHEDRAL

R2 ⌂ Ludgate Hill EC4 ⏰ Los horarios varían, consultar la web ⊞ stpauls.co.uk

Esta catedral es la gran obra maestra barroca de Christopher Wren, que reconstruyó las iglesias de la ciudad tras el Gran Incendio de 1666. Finalizada en 1711, es la primera catedral protestante construida en Inglaterra, pero su diseño exterior tiene muchas similitudes con la de San Pedro en Roma. Una de sus campanas, Great Paul, es la más grande fundida en Gran Bretaña.

1 Galería de los Susurros
La famosa Galería de los Susurros está en el interior de la cúpula. Las palabras que se pronuncian en un extremo pueden oírse desde el otro lado.

2 La luz del mundo
Esta obra del artista prerrafaelita William Holman Hunt muestra a Cristo llamando a una puerta enorme que se abre desde dentro y simboliza que Dios puede entrar en nuestras vidas solo si le invitamos.

3 Cúpula
Es una de las cúpulas más grandes del mundo con sus 111 m de altura y sus 65.000 toneladas de peso. La Galería Dorada y la Galería de Piedra tienen buenas vistas.

4 Coro
Los bellos bancos y la caja del órgano situados en el coro son obra de Grinling Gibbons. Handel y Mendelssohn tocaron este órgano, que data de 1695.

Espléndido interior de la Galería de los Susurros

CONSEJO TOP 10
El precio de la entrada incluye visitas guiadas y guías multimedia.

St Paul's Cathedral y el Millennium Bridge

abre solo en ceremonias importantes.

7 Altar mayor
El espléndido altar mayor es de mármol italiano y el dosel, construido en 1950 después de que la catedral fuera bombardeada durante la Segunda Guerra Mundial, está basado en un boceto de Wren.

8 Puertas de Tijou
El maestro forjador francés Jean Tijou diseñó estas puertas de hierro para las naves sur y norte, así como otros trabajos en metal para la catedral.

Plano de St Paul's Cathedral

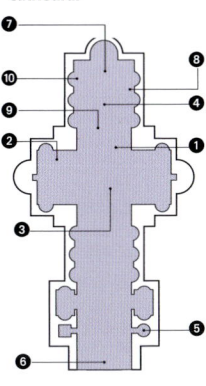

5 Escalera geométrica
Ubicada al suroeste del campanario, la escalera del Deán, tallada en piedra de Portland, parece flotar desde el techo.

6 Fachada oeste y torres
La imponente fachada oeste está enmarcada por dos enormes torres. Los pináculos simbolizan la paz. La gran puerta oeste tiene 9 metros de altura y se

9 Mosaicos
En el siglo XIX se instalaron coloridos mosaicos en el techo del coro y la girola. Están realizados con teselas de cristal colocadas en ángulo para que brillen.

10 Madre y niño, de Moore
Esta escultura es una de las numerosas obras de arte introducido en St Paul desde la década de 1960.

HISTORIA DE LA CATEDRAL

La primera iglesia conocida dedicada a san Pablo fue construida en este mismo lugar en el año 604 d. C. Era de madera y se derrumbó en el incendio del año 675. La iglesia posterior fue destruida por los vikingos en el año 962. La tercera iglesia se levantó en piedra, pero otro incendio ocurrido en el año 1087 acabó con ella; fue reedificada por los normandos ya como catedral, con muros de piedra y tejado de madera. Esta catedral se terminó en 1300. En 1666, Christopher Wren diseñó la restauración del edificio cuando el Gran Incendio de Londres acabó con la antigua catedral.

Delicados frescos e intrincadas tallas

Monumentos de la catedral

1. Tumba de Wren
La inscripción sobre la tumba del arquitecto de St. Paul's, *sir* Christopher Wren (1632-1723), reza: "Lector, si monumentum requiris, circumspice" ("Lector, si buscas un monumento, mira a tu alrededor").

2. Tumba de Wellington
El gran militar británico y primer ministro Arthur Wellesley (1769-1852), primer duque de Wellington, yace en la cripta. Tiene también un monumento en la nave.

3. Monumento a John Donne
El poeta metafísico John Donne (1572-1631) fue investido deán de San Pablo en 1621. Su efigie está en el suelo del pasillo sur del coro.

4. Tumba de Nelson
El almirante *lord* Nelson (1758-1805) está enterrado en un sarcófago negro en el centro de la cripta. Fue devuelto a Inglaterra desde Trafalgar, conservado en *brandy*.

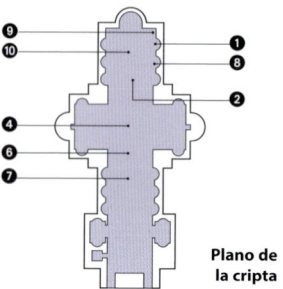

Plano de la cripta

5. Monumento a América
Tras el altar mayor, la capilla conmemorativa de Estados Unidos honra a los militares muertos en suelo británico durante la Segunda Guerra Mundial.

6. Monumento Galípoli
Este memorial está dedicado a los caídos en la batalla de Galípoli (1915).

7. Placa conmemorativa de Churchill
Estas puertas conmemoran a *sir* Winston Churchill (1874-1965), quien durante los bombardeos de 1940 y 1941 dijo: "Por encima de todo, St Paul debe ser salvada".

8. Monumento de la Hermandad de los Canteros
En una placa de este gremio se lee: "Recuerda a los hombres que dieron forma a las piedras de St Paul's Cathedral".

9. Tumba de J. M. W. Turner
El gran pintor descansa en la Esquina de los Artistas, en la cripta.

10. Monumento a la Orden del Imperio Británico
En el extremo este de la cripta se encuentra una capilla, también conocida como St Faith's Chapel, dedicada a los miembros de la Orden, un honor establecido en 1917 como contribución a los civiles que colaboraron en la Primera Guerra Mundial y la primera en incluir mujeres.

Tumba del almirante Nelson, St Paul's Cathedral

LA CATEDRAL EN LA HISTORIA

TOP 10
HITOS DE LA CATEDRAL

1. Jubileo de Platino de Isabel II *(2022)*

2. Boda del príncipe Carlos y *lady* Diana *(1981)*

3. Funeral de Winston Churchill *(1965)*

4. Sermón de Martin Luther King *(1964)*

5. Bombardeo *(1940)*

6. Jubileo de Diamante de la reina Victoria *(1897)*

7. Funeral del duque de Wellington *(1852)*

8. Funeral de Nelson *(1806)*

9. Primera misa en la catedral reconstruida *(1697)*

10. Ejecución de los conspiradores de la pólvora *(1606)*

Boda real de Carlos y Diana

San Pablo, como catedral de la diócesis de Londres, pertenece a las parroquias de esta ciudad, así como al resto del país. Está dirigida por un deán y por prelados. Una de sus principales funciones es acoger las celebraciones y los duelos nacionales. La catedral simboliza los ideales tanto de la Restauración inglesa como de la filosofía científica del siglo XVII y pasó a convertirse en el centro de la vida social, religiosa y política de la ciudad. En el siglo XIX, 13.000 personas llenaron la catedral en los funerales del duque de Wellington así como para el jubileo de la reina Victoria. Más recientemente, la catedral ha acogido varias celebraciones reales, como la boda del entonces príncipe de Gales y *lady* Diana Spencer, que eligieron casarse en St Paul's en lugar de en la Westminster Abbey, o el servicio de acción de gracias para el Jubileo de Oro y Diamante de la reina Isabel II.

Funeral del duque de Wellington en St Paul's Cathedral

LO MEJOR DE LONDRES

Leadenhall Market

MUSEOS

1 Natural History Museum
Con exposiciones tradicionales e interactivas, este sorprendente museo *(p. 28)* ilustra la historia de la Tierra y la existencia de vida en ella.

2 British Museum
Es el museo público nacional más antiguo del mundo y uno de los más interesantes de Londres. Alberga tesoros de todos los rincones del mundo *(p. 22)*.

3 Science Museum
Este interesante museo *(p. 30)* estudia la evolución y el desarrollo de los avances tecnológicos, con demostraciones sorprendentes y educativas.

4 Imperial War Museum
En este museo, emplazado en parte en el antiguo manicomio de Bethlehem, llamado Bedlam, destacan el atrio de cuatro plantas, un avión colgado desde el techo, vehículos blindados y misiles, junto a cientos de pequeños objetos que abarcan desde la Primera Guerra Mundial hasta el presente. Las piezas expuestas van desde armas, uniformes y equipamiento hasta diarios y cartas, fotografías y arte. Destaca un paseo por una "trinchera" con un avión de guerra Sopwith Camel volando cerca de los visitantes *(p. 93)*.

5 Victoria and Albert Museum
Uno de los grandes placeres de Londres es este museo de artes decorativas *(p. 129)* que tiene variopintas colecciones que cubren muchos períodos y estilos. Destacan las galerías medieval y renacentista, con sus notables colecciones, y las salas de tesoros de la India y Extremo Oriente. El museo también tiene muestras de joyería, moda, textiles, orfebrería, cristalería, pintura, grabados, escultura y salas con objetos de la India y Oriente.

6 National Maritime Museum
⌂ Greenwich SE10 🕐 10.00-17.00 diario 🌐 rmg.co.uk
El mayor museo marítimo del mundo, parte del Maritime Greenwich World Heritage Site *(p. 158)*, muestra el pasado marinero de Gran Bretaña.

Cañones en el exterior del Imperial War Museum

Esqueleto casi completo de un estegosaurio, Natural History Museum

Se puede ver la casaca agujereada que llevaba Nelson en Trafalgar. En 2018 se abrieron cuatro increíbles galerías sobre la exploración marítima británica y europea del siglo XV a la actualidad.

7 Design Museum
Situado en un lugar emblemático de la década de 1960 y con un interior maravillosamente transformado, este museo *(p. 132)* es el único de Gran Bretaña dedicado al diseño británico e internacional de los siglos XX y XXI. Hay una pequeña pero atractiva exposición permanente llamada Designer Maker user. Sus exposiciones temporales ofrecen lo mejor del diseño moderno, incluidos el diseño gráfico y de producto, moda, mobiliario e ingeniería.

8 Sir John Soane's Museum
La antigua casa *(p. 117)* del arquitecto neoclásico John Soane está llena de su colección de pinturas, esculturas y objetos antiguos. Una ley del Parlamento negociada por Soane conserva la casa y la colección tal como la dejó, en beneficio de la nación, y con actividades para niños de todas las edades.

Carruaje antiguo en el London Transport Museum

9 London Transport Museum
Está situado en un antiguo mercado de flores *(p. 108)*. La historia del sistema de transportes londinense se ilustra con carteles, fotografías, películas y modelos de los primeros autobuses, trenes de metro y coches de caballos. Existen numerosas zonas interactivas.

10 Horniman Museum
Este premiado museo *(p. 158)* guarda una colección de instrumentos musicales, una casa de mariposas y varias muestras dedicadas a la cultura mundial, pero lo más destacado es su galería de historia natural, que contiene una importante colección de esqueletos y piezas de taxidermia, entre ellas la famosa Morsa de Horniman. El museo organiza talleres y eventos para niños.

COLECCIONES DE ARTE

Obras de arte expuestas
en Courtauld Gallery

1 Courtauld Gallery
N3 Somerset House,
Strand WC2 10.00-18.00 diario
courtauld.ac.uk

La exquisita colección del Courtauld
destaca por sus pinturas impresionistas y
posimpresionistas, con obras maestras
de creadores tan importantes como
Manet, Van Gogh, Modigliani, Cézanne,
Monet y Renoir, entre otros muchos.

2 Tate Modern
Emplazado en una central eléctrica
reconvertida en la ribera sur del Támesis,
este atractivo museo (p. 36) con una
ampliación abarca arte moderno desde
1900 hasta la actualidad. Las exposiciones se disponen por temas, y ponen
énfasis en artistas de todo el mundo.

3 Tate Britain
La antigua Tate (p. 92) se centra
en el arte británico desde 1500 hasta la
actualidad, y tiene la mayor colección de
pintura de J. M. W. Turner.

4 National Gallery
Adyacente a la National Portrait
Gallery, este edificio neoclásico (p. 26)
con una cúpula de "pimentero" alberga
una de las mejores colecciones de arte
europeo.

5 Wallace Collection
Esta preciosa mansión victoriana
(p. 137) perteneció a sir Richard Wallace
(1818-1890). Su viuda donó la casa
y la colección de arte al Estado. Las
bellamente amuebladas salas de las
tres plantas muestran una selección
de pintura europea que va del siglo XV
al siglo XIX, así como porcelanas,
esculturas y armaduras. Entre las
pinturas más destacadas están los
trabajos de Nicolas Poussin (Danza de
la música del tiempo) y Frans Hals
(El caballero sonriente). Hay también
retratos de Gainsborough y Reynolds.

6 Queen's Gallery, Buckingham Palace
Fundada en 1962, esta fascinante
galería (p. 32) muestra la increíble
selección de pinturas y otras obras
coleccionadas por monarcas británicos
a lo largo de los últimos 500 años.

7 National Portrait Gallery
Reabierta en 2023 tras una restauración completa, esta es la colección de
retratos más extensa del mundo (p. 99).
Guarda unos 220.000 cuadros, dibujos,
esculturas, fotografías y obras de técni-
ca mixta. La galería recorre la historia
del Reino Unido desde el siglo XVI,

Delicada escultura del National
Portrait Gallery

El museo Serpentine South, en los Kensington Gardens

dando rostro a personajes históricos. Fundada en 1856, su primera adquisición fue el conocido como "retrato Chandos" de Shakespeare, que se expone junto a los de miembros de la realeza, músicos, artistas y pensadores desde tiempos de Enrique VII.

8 Royal Academy of Arts
Las continuas exposiciones temporales de grandes artistas de la Royal Academy (p. 123) atraen a gran cantidad de personas, y a menudo es necesario reservar entradas. La tradicional exposición de verano, de artistas consagrados y noveles, es también muy popular.

9 Kenwood
Esta majestuosa mansión (p. 152), con una biblioteca diseñada por Robert Adam, tiene una pequeña pero importante colección que abarca pintura flamenca y holandesa del siglo XVII, retratos ingleses del siglo XVIII y arte rococó francés. Hay estatuas de Henry Moore y de Barbara Hepworth en los jardines paisajísticos que bordean Hamstead Heath.

10 Serpentine Galleries
📍 B4, C4 🏛 Kensington Gardens W2 🕐 10.00-18.00 ma-do y festivos ⓦ serpentinegalleries.org
Estos dos museos de arte contemporáneo inaugurados en 1970 y 2013 y situados a ambos lados del lago Serpentine son conocidos por

promover las obras de vanguardia. Ubicada en un antiguo polvorín, con una ampliación de la arquitecta Zaha Hadid, la moderna Serpentine North alberga exposiciones temporales, mientras la galería original, Serpentine South, es famosa por las instalaciones en el pabellón de verano, donde los principales arquitectos diseñan grandes estructuras temporales en el exterior. También tiene una excelente librería de arte.

LONDRES Y LA MONARQUÍA

1 Hampton Court
Es el ejemplo más refinado de la arquitectura Tudor. Hampton Court (p. 157) comenzó a levantarse en 1514 por orden del cardenal Wolsey, que se lo regaló a Enrique VIII. Fue ampliado, primero, por el monarca, y luego por Guillermo y María, que contrataron al arquitecto Wren. Destacan sus cocinas, la galería de arte Cumberland y la capilla real. Los jardines tienen más de 24 hectáreas y son tan interesantes como el propio palacio.

2 Buckingham Palace
Este palacio es la residencia oficial en Londres del monarca británico y uno de los monumentos más emblemáticos de la capital (p. 32).

3 Kensington Palace
Pequeño Palacio Real (p. 129) en los jardines de Kensington, famoso por ser la residencia de la princesa Diana. Los primeros monarcas que vivieron aquí fueron Guillermo y María, en 1689, y la reina Victoria nació aquí en 1819. El interior conserva las habitaciones de Guillermo y María, así como la habitación infantil de Victoria. El Kensington Place Pavillion es ideal para tomar el té.

4 St James's Palace
Aunque cerrado al público, el palacio de St James (p. 123) es muy importante en el Londres de la realeza. Su estilo Tudor lo sitúa en el reinado de Enrique VIII. Aquí vivieron muchos reyes, pero a partir de la reina Victoria todos los reyes han vivido en Buckingham Palace.

5 Kew Palace y Queen Charlotte's Cottage
📍Kew, Surrey TW9 🕐Palacio: abr-sep: 11.00-16.00 diario; cottage: abr-sep: 11.30-15.20 sá, do y festivos 🌐hrp.org.uk ♿
El Palacio Real más pequeño, Kew, se construyó en 1631 en Kew Gardens (p. 157) y fue la residencia del rey Jorge III y la reina Carlota. Queen's Cottage se usaba como parada para el té durante los paseos.

6 Banqueting House
🚇M5 📍Whitehall SW1 🕐Solo visitas guiadas en días concretos 🌐hrp.org.uk ♿🚫
Este magnífico edificio merece citarse por su techo, pintado por Rubens.

Estatua de la reina Victoria en los jardines de Kensington Palace

Maravillosas pinturas de Rubens en el techo de Banqueting House

Carlos I encargó este palacio y salió de aquí para ser ejecutado (1649).

7 Queen's House
🏠 Romney Rd SE10 🕐 10.00-17.00 diario (última admisión: 16.15) 🌐 rmg.co.uk

Esta elegante casa fue el primer edificio palladiano construido por Inigo Jones. Ha sido restaurado y ahora alberga la colección de arte del National Maritime Museum (p. 50).

8 Caballerizas reales
Las caballerizas reales (p. 33) albergan carruajes empleados en ceremonias de Estado, como la Diamond Jubilee State Coach y la Gold State Coach.

9 Queen's Chapel
🗺 K5 🏠 Marlborough Rd SW1

Esta capilla real se abre solo para su congregación. Fue construida por Inigo Jones y su mobiliario incluye un bonito retablo de Annibale Carracci.

10 Clarence House
🗺 K5 🏠 St James's Palace SW1

John Nash diseñó esta casa para el duque de Clarence, quien vivió aquí tras convertirse en el rey Guillermo IV en 1830. Fue el hogar de la reina madre hasta 2002, y el preferido del rey Carlos III y la reina Camila.

TOP 10
MONUMENTOS REALES Y CONMEMORATIVOS

1. Albert Memorial
El príncipe Alberto, el amado consorte de la reina Victoria, tiene un espléndido monumento neogótico en Kensington Gardens (p. 129).

2. Queen Anne's Gate
Una callecita en Westminster Street, con una estatua de esta reina.

3. Estatua de Isabel I en St Dunstan-in-the-West
Esta estatua de 1586 es la única que se realizó durante el reinado de Isabel.

4. Escalera del duque de York
Su estatua se yergue en lo alto de esta escalinata.

5. Estatua de la reina Victoria en Blackfriars
Esta estatua regia, que se encuentra en el extremo norte del puente de Blackfriars, muestra a una Victoria exultante, con el cetro y la esfera.

6. Placa del lugar de nacimiento de Isabel II
En el 17 de Bruton Street en Mayfair una sencilla placa señala el lugar de nacimiento de la reina Isabel II.

7. Monumento conmemorativo de Jorge VI y la reina Isabel
Una estatua de la difunta reina madre junto a la de su marido Jorge VI en el Mall en 2009.

8. Estatua de Carlos I, Whitehall
De camino a Trafalgar Square se encuentra una estatua ecuestre de Carlos I.

9. Puerta de Enrique VIII en St Barts
La única escultura al aire libre de Enrique VIII en Londres está en el hospital de St Bartolomew.

10. Fuente conmemorativa de la princesa Diana
Esta popular fuente, situada en Hyde Park, al sur del Serpentine, rinde honores a la memoria de la princesa Diana. Inaugurada en 2004, está hecha con 545 piezas de granito de Cornualles.

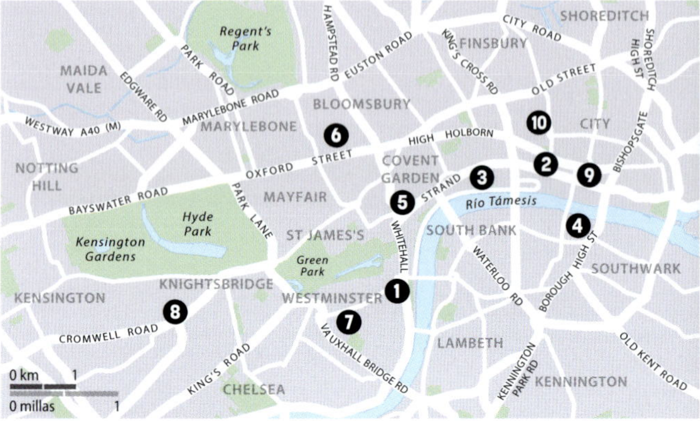

IGLESIAS

1 Westminster Abbey

Esta abadía *(p. 38)*, parte iglesia y parte museo nacional, es un lugar de culto, sede de coronaciones y matrimonios, y última morada de 30 reyes y reinas británicos.

2 St Paul's Cathedral

Reconstruida tras el Gran Incendio de Londres, esta catedral *(p. 44)* está considerada la obra maestra de *sir* Christopher Wren y la iglesia más importante de la ciudad.

3 Temple Church

P2 1 Inner Temple Lane EC4 10.00-16.00 lu-vi templechurch.com

La iglesia circular original fue construida en el siglo XII para los caballeros templarios. Sus efigies están incrustadas en el suelo. El presbiterio fue añadido en el siglo XIII. La iglesia fue mantenida por los Inns of Court desde 1608, y reconstruida tras ser bombardeada durante la guerra.

4 Southwark Cathedral

S4 London Bridge SE 9.00-18.00 lu-sá, 8.30-17.00 do cathedral.southwark.anglican.org

Este priorato se convirtió en catedral en 1905. Tuvo muchas relaciones con el teatro isabelino y con Shakespeare, al cual está dedicado un monumento y una vidriera. El fundador de la universidad americana, John Harvard, fue bautizado aquí y se le recuerda en la Harvard Chapel.

5 St Martin-in-the-Fields

L4 Trafalgar Sq WC2 12.00-19.30 mi, 9.00-17.00 ju-ma stmartin-in-the-fields.org

Esta impresionante iglesia parroquial es famosa por sus eventos musicales. En este lugar había una iglesia en el siglo XIII, pero la iglesia actual fue diseñada por James Gibbs en 1726. El café de la cripta ha ganado premios.

La bonita Temple Church con la estatua de los caballeros templarios al exterior

Decorativo interior de la iglesia de All Saints Margaret Street

6 All Saints Margaret Street
🅙 J1 🅐 7 Margaret St W1 🅞 11.00-19.00 lu-vi, sá y do solo durante los servicios 🆆 asms.uk

Diseñada por William Butterfield en 1859, es un magnífico ejemplo de la arquitectura gótica victoriana, con un exterior de ladrillos que siguen un patrón y un interior decorado con mármoles incrustados, mosaicos y vidrieras.

7 Westminster Cathedral
🅙 D5 🅐 Victoria St SW1 🅞 Catedral: 7.30-18.30 diario (hasta 19.00 sá, hasta 20.00 do); torre: los horarios varían, consultar la página web 🆆 westminstercathedral.org.uk 🌐

La principal iglesia católica de Inglaterra es neobizantina. La diseñó John Francis Bentley y su construcción finalizó en 1903. Intrincados mosaicos y más de 100 variedades de mármol decoran el interior, mientras que en el exterior tiene bandas horizontales de piedra blanca a lo largo de un muro de ladrillos rojos. Desde lo alto de la torre, accesible en ascensor, se tienen excelentes vistas.

8 Brompton Oratory
🅙 C5 🅐 Brompton Rd SW7 🅞 6.30-19.00 diario 🆆 brompton oratory.co.uk

Reconocida por su rica tradición musical, esta iglesia, de aspecto italiano, fue erigida por un católico converso, John Henry Newman (1801-1890). Él trajo a Inglaterra el Oratorio

de San Felipe Neri, una comunidad de sacerdotes y seglares católicos fundada en Roma. El edificio alberga numerosos tesoros italianos.

9 St Stephen Walbrook
Aunque poco espectacular en el exterior, su interior (p. 146) es el mejor conservado y más hermoso de todas las iglesias de Wren (fue su propia parroquia). Diseñada como un prototipo de St Paul's Cathedral, el espacio está dominado por su gran bóveda artesonada con estucos ornamentales que se alza sobre 12 columnas corintias. Un simple altar blanco moderno de Henry Moore se encuentra en el centro de la iglesia. Hay conciertos gratuitos a mediodía los martes y los viernes.

10 St Bartholomew the Great
Superviviente del Gran Incendio, esta iglesia (p. 146) es una de las dos iglesias normandas de Londres. Fue fundada por un cortesano de Enrique I en 1123: el monje Rahere. Sus sólidos pilares y la sillería permanecen como en aquellos tiempos. La Lady Chapel, del siglo XIV, restaurada en 1890 por sir Aston Webb, albergó la imprenta de Benjamin Franklin, el estadista de Estados Unidos. La iglesia ha sido escenario de películas como Cuatro bodas y un funeral y Shakesperare enamorado.

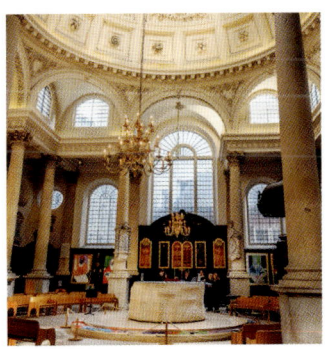

La iglesia de St Bartholomew the Great, en Smithfield

PARQUES Y JARDINES

1 Kensington Gardens
📍A4–B4 🚇W2 🕐6.00–anochecer diario 🌐royalparks.org.uk
Las reinas que vivieron en Kensington Palace (p. 129) entre 1689 y 1837 se fueron apropiando partes de Hyde Park para sus jardines. Desde que se abrió la zona de juegos, Princess of Wales Memorial (p. 73), ha tenido gran éxito entre los niños. El parque alberga las Serpentine Galleries (p. 53).

2 Regent's Park
Rodeado por las terrazas clásicas diseñadas por John Nash, acoge un teatro al aire libre, un lago navegable y el Zoo de Londres. El fragante jardín de rosas Queen Mary es una delicia. También es famoso por sus magníficas instalaciones deportivas (p. 137).

3 Hyde Park
📍C4 🚇W2 🕐5.00–24.00 diario 🌐royalparks.org.uk
Uno de los lugares más populares de este inmenso parque es el lago, llamado Serpentine, con sus barcas de alquiler en verano y su alberca. El parque cuenta con dos circuitos para recorrer a caballo: North Ride y South Ride. El Speakers' Corner, cerca de Marble Arch, se convierte los domingos en el lugar indicado para subirse a la tribuna e improvisar un discurso.

4 Green Park
📍D4 🚇SW1 🕐5.00–24.00 diario 🌐royalparks.org.uk
Este parque fue cerrado en 1668 para crear un enlace entre Hyde Park y St James's Park y se abrió al público en 1826. Se alquilan tumbonas en verano.

5 Primrose Hill
📍C1 🚇NW1 🕐5.00–anochecer diario 🌐royalparks.org.uk
Situado al norte de Regent's Park, ofrece magníficas vistas de la ciudad

La histórica Triton Fountain, en Regent's Park

Las praderas de Primrose Hill, con magníficas vistas del perfil urbano de Londres

entrada, que cuenta con un monumento dedicado a la sufragista Emmeline Pankhurst, hay una réplica de *Los burgueses de Calais*, de Rodin.

9 Bushy Park
🚇 Hampton Court Rd, Hampton TW11 🕐 24 horas diario (sep y nov: 8.00-22.30)
🌐 royalparks.org.uk
El domingo de las castañas (Chestnut Sunday), en mayo, es uno de los mejores momentos para acudir a Bushy Park, cerca de Hampton Court; también para visitar los mágicos Waterhouse Woodland Gardens, en los que también hay ciervos.

10 Greenwich Park
🚇 SE10 🕐 6.00-18.00 o anochecer diario
🌐 royalparks.org.uk
El meridiano 0 pasa por el Observatorio Real, emplazado en una colina de este jardín de 73 ha. Las magníficas vistas del río Támesis y de Londres, incluida el Old Royal Naval College (p. 158), merecen la empinada subida hasta la cumbre.

desde su cumbre de 63 m. Conocido porque aquí se celebraban duelos, este pequeño parque fue comprado por la Corona en 1841 para proporcionar espacio al aire libre a los pobres del norte de Londres.

6 St James's Park
El parque más elegante *(p. 123)* de Londres fue rediseñado por John Nash en 1828. Su lago acoge muchas aves acuáticas (los pelícanos reciben alimento a las 14.30 cada día). Tiene un agradable café *(p. 127)*.

7 Richmond Park
🚇 Kingston Vale TW10 🕐 24 horas diario (nov y feb: 7.30-20.00)
🌐 royalparks.org.uk
Con sus 10 km², este es el parque real más extenso. Ciervos y gamos pastan entre los brezales. A finales de primavera, Isabella Plantation se llena del color de las azaleas, camelias, rododendros y diversos matorrales. Pembroke Lodge es un elegante lugar para comer algo.

8 Victoria Tower Gardens
🚇 E5 🚇 SW1 🕐 7.00-18.00 diario
🌐 royalparks.org.uk
Aunque poco conocido, este pequeño remanso verde al sur de la Victoria Tower es encantador. Pasada la

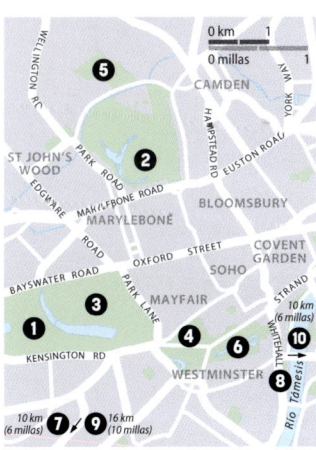

LONDRES Y LA LITERATURA

El innovador dramaturgo y poeta Oscar Wilde

1 Oscar Wilde

Nacido en Dublín, Wilde (1854-1900) deslumbró a la sociedad londinense con sus obras de teatro y su vivísimo ingenio. Aunque él nunca se recuperó de su condena en 1895 por "conducta indecente", sus obras, como *El abanico de Lady Windermere* (1892) o *La importancia de llamarse Ernesto* (1895), vuelven a representarse con frecuencia.

2 Samuel Johnson

Dr Johnson's House: ❷ P2 ♠17 Gough Sq EC4 ◷ 11.00-17.30 lu y ju-sá ❷ "Cuando un hombre está cansado de Londres, está cansado de vivir", dijo el doctor Samuel Johnson (1709-1784). Figura literaria de renombre, vivió en el 17 de Gough Square *(drjohnsons-house.org)* entre 1748 y 1759 y en ella compiló gran parte de su famoso diccionario. Su poema satírico *Londres* (1738) critica la miseria de la ciudad.

3 Geoffrey Chaucer

Chaucer (c. 1343-1400), hijo de un tabernero londinense, llegó a ser diplomático. Sus *Cuentos de Canterbury*, un clásico, retrata los viajes de unos peregrinos desde Southwark hasta Canterbury. Está enterrado en Westminster Abbey.

4 Samuel Pepys

El extraordinario Diario de Samuel Pepys (1633-1703) comienza el día de Año Nuevo de 1660 y concluye el 31 de mayo de 1669. Describe la vida de la época, la peste y el Gran Incendio, y el ataque naval holandés contra Londres. Fue escrito en taquigrafía y solo pudo descifrarse y publicarse en 1820.

5 Virginia Woolf

Woolf (1882-1941) y su hermana Vanessa Bell vivieron en Gordon Square, donde el influyente grupo de Bloomsbury crecía en reuniones sociales. Desarrolló el estilo narrativo del flujo de la conciencia en novelas como *Mrs Dalloway* (1925) y *Al faro* (1927).

6 Alan Bennett

El dramaturgo nacido en 1934 vivió unos 40 años en Camden. *The Lady in the Van* es un relato conmovedor de una anciana que pasó 15 años viviendo en una furgoneta amarilla aparcada a la puerta del garaje del escritor.

El dramaturgo y escritor Alan Bennett

La novelista Zadie Smith hablando en un acto público

7 Zadie Smith
La galardonada Zadie Smith (1975-) saltó a la fama con su novela *Dientes blancos* en 2000. Ácida y divertida, la novela fue muy elogiada por su espacio narrativo, perceptivo retrato de la vida londinense y tratamiento de la experiencia inmigrante. Su novela de 2012 *NW*, también ambientada en Londres, fue posteriormente adaptada como película.

8 Martin Amis
El niño mimado del Londres de las décadas de 1970 y 1980, Martin Amis (1949-2023), tuvo un padre famoso y un talento precoz. Su primera novela, *El libro de Raquel* (1973), ganó un prestigioso premio joven. En Londres se desarrollan novelas como *Dinero* (1984) o *Campos de Londres* (1989).

9 Charles Dickens
En Londres están ambientadas muchas novelas de Dickens (1812-1870), que se inspiró en sus experiencias para escribir. Por ejemplo, trabajar en una fábrica le hizo conocer la pobreza de Londres; un empleo en un despacho de abogados le ayudó a escribir *Casa desolada* (1853). También utilizó muchos lugares conocidos en sus obras, como la cárcel de los deudores en *La pequeña Dorrit* (1855).

10 John Betjeman
Betjeman (1906-1984), con su desdén hacia la burocracia, la mediocridad y la horrorosa arquitectura, llegó a ser Poeta Laureado del Reino Unido en 1972 y sus poemas, plenos de ingenio, lo mantienen como uno de los autores favoritos de Reino Unido.

TOP 10
LUGARES LITERARIOS

1. Strawberry Hill, Twickenham
La casa del siglo XVIII de Horace Walpole sirvió de inspiración para *El castillo de Otranto* (1764).

2. Andén 9 ¾, King's Cross
Famoso entre los admiradores de Harry Potter para tomar fotografías *(p. 62)*.

3. Russell Square
Esta plaza sirvió de inspiración para escenas de *La feria de las vanidades* (1848), de William Makepeace Thackeray, y *Noche y día* (1919), de Virginia Woolf.

4. The George Inn, Southwark
Dickens visitó esta posada *(p. 96)*, que también se menciona en *La pequeña Dorrit* (1855).

5. St Giles Cripplegate
La parroquia de Daniel Defoe y John Bunyan y donde está enterrado John Milton.

6. Rose Theatre, Bankside
El teatro Tudor original es donde se pusieron en escena las obras de Shakespeare y Marlowe.

7. Senate House, Bloomsbury
Este edificio de 1930 sirvió de inspiración para el Ministerio de la Verdad de la novela *1984* (1948) de George Orwell.

8. The Criterion, Piccadilly Circus
Una placa conmemora cómo una reunión aquí en 1881 llevó al doctor Watson a conocer a Sherlock Holmes.

9. Kensington Park Gardens
Se dice que sirvió de inspiración para la casa de la familia Darling en *Peter Pan y Wendy* (1911), de J. M. Barrie.

10. La tienda de antigüedades, Portsmouth Street
Se dice que Dickens basó en ella su novela de 1841 y es una de las tiendas más antiguas de Londres. Ahora vende artesanía.

La famosa tienda de antigüedades

LONDRES EN EL CINE

1 Sherlock Holmes
El personaje de Arthur Conan Doyle apareció por primera vez en la obra de 1887 *Estudio en escarlata*, y desde entonces se ha representado repetidas veces en televisión y en cine. Su dirección ficticia, el 221b de Baker St, muestra una placa azul en honor a su labor como "detective asesor". Se le puede ver en acción en la moderna serie de la BBC *Sherlock*, interpretado por Benedict Cumberbatch.

2 28 días después (2002)
Esta película de terror zombi comienza con un mensajero llamado Jim, interpretado por Cillian Murphy, que despierta de un coma en el hospital y se aventura por las calles de un Londres desierto. Se puede replicar la icónica escena inicial situándose, al igual que Jim, en la acera del Westminster Bridge y mirando hacia el Big Ben y Houses of Parliament *(p. 91)*, aunque seguramente con más gente alrededor.

3 El diario de Bridget Jones (2001)
Bajo la casa de Bridget Jones, ambientada en un apartamento sobre la Globe Tavern de Borough Market *(p. 95)*, se puede tomar una cerveza y recrear la escena de la puerta junto al *pub* en la que Bridget ve a Colin Firth y Hugh Grant peleándose mientras son jaleados por los camareros de un ficticio restaurante griego cercano.

4 Las películas de Harry Potter (2001–2011)
Numerosas escenas de las películas de Harry Potter se rodaron en Londres, entre otras el aterrador ataque de los mortífagos en Millennium Bridge *(p. 68)*, el Leadenhall Market *(p. 71)* o el mercado cubierto victoriano que hacía las veces de Diagon Alley. Los amantes de la serie hacen cola para hacerse una foto en el andén 9 ¾ de la estación de King's Cross.

Seguidoras de Harry Potter de camino al andén 9 ¾ hacia Hogwarts

5 *Love Actually* (2003)
Esta película, ambientada en su mayor parte en Londres (incluido el popular barrio de Wandsworth), cuenta con varios momentos memorables, como el del primer ministro bailando en Downing Street *(p. 92)* o el enamorado Andrew Lincoln dirigiéndose hacia Gabriel's Wharf desde Oxo Tower *(p. 95)*. La divertida escena en que Alan Rickman intenta en vano comprar un collar a Rowan Atkinson se rodó en Selfridges *(p. 140)*.

6 *Paddington* (2014) y *Paddington 2* (2017)
La casa de la familia Brown en el 32 de Windsor Gardens es en realidad un bonito adosado de Primrose Hill *(p. 58)*, a poca distancia de Paddington Station. Cerca del andén 1 de la estación se alza la estatua de bronce de Paddington Bear, que marca el lugar donde los Brown conocieron a su nuevo amigo e inquilino peruano.

7 Bridgerton
Carruajes tirados por caballos esperan frente a la casa de Grosvenor Square, hogar de la familia aristocrática Bridgerton, en esta serie de época ambientada en la Regencia. El bonito edificio georgiano es en realidad Ranger's House, junto a Greenwich Park *(p. 59)*, actualmente una galería de arte del siglo XIX. Por su parte, el patio, los jardines y los pasillos de la mansión Tudor de Hampton Court Palace *(p. 157)* sirvieron de escenario en la precuela *La reina Carlota: una historia de Bridgerton*.

8 *Notting Hill* (1999)
Se puede emular a William, personaje de Hugh Grant, paseando en cualquier época del año por Portobello Road *(p. 131)*, en busca de la famosa puerta azul del 280 de Westbourne Park Rd a la que acuden los *paparazzi* en busca de Anna, el personaje de Julia Roberts, una escena que convirtió la puerta en un auténtico icono de Notting Hill. Los cercanos Rosmead

Las coloridas tiendas de Portobello Road en un día de mercado

Gardens, unos jardines privados, aparecen varias veces en la película, como cuando William trepa torpemente por la verja durante un paseo nocturno con Anna.

9 *El código Da Vinci* (2006)
En una dramática escena de esta película de misterio, la criptógrafa Sophie (Audrey Tatou) y el profesor en simbología Robert (Tom Hanks) acuden a una iglesia redonda, perteneciente a la antigua orden de los templarios. El rodaje tuvo lugar en Temple Church *(p. 56)*, cerca de Fleet Street, en cuyo suelo pueden verse las efigies yacentes en piedra a tamaño real de los caballeros.

10 Doctor Who
La Torre de Londres *(p. 40)* es un escenario recurrente en esta serie televisiva, al albergar la oficina central de la unidad, con un gran laboratorio científico en el sótano que custodiaba los Black Archives y una prisión para varios doctores a lo largo del tiempo y el espacio. Incluso los *beefeaters* lucharon contra algún complot alienígena.

PASEOS

1 La City
Un sencillo paseo de 3 km recorre la Milla Cuadrada, comenzando en la emblemática St Paul's Cathedral (p. 44), para luego pasear hasta el Monument (p. 145), una columna de piedra que marca el origen del Gran Incendio de 1666. Desde lo alto de sus 311 escalones se disfruta de unas vistas panorámicas de los modernos rascacielos. Tras un recorrido por las viejas calles que van al río, se termina en la histórica Torre de Londres (p. 40).

2 Circuito por Hampstead
Este circuito de 5 km comunica las propiedades del National Trust de Fenton House y 2 Willow Road (p. 152) y serpentea a través de frondosas zonas residenciales antes de adentrarse en el Heath, pasando junto a algunos estanques para bañarse y a la histórica Burgh House de 1704 (p. 152). Holly Hill es el tramo más empinado.

3 De Buckingham Palace a Little Venice
Los 7 km de este tramo constituyen la sección 1 de la Jubilee Greenway, una ruta de 60 km dividida en 10 tramos que une lugares construidos para las olimpiadas de Londres de 2012. Saliendo de Buckingham Palace (p. 32), cruza Green Park y pasa bajo Wellington Arch para adentrarse en Hyde Park (p. 58) siguiendo la orilla del pintoresco lago Serpentine. Después, continúa hacia el norte hasta Kensington Palace (p. 129) y serpentea por las callejuelas de Paddington hasta llegar a los canales de Little Venice.

4 Camino de sirga de Regent's Canal: de Little Venice a King's Cross
Este paseo de 5 km por los canales repletos de barcas y barcazas comienza en Little Venice, justo al norte de Paddington, antes de dirigirse al límite de Regent's Park (p. 137). Tras pasar por

El camino de sirga que bordea Regent's Canal

el Zoo de Londres (p. 137), donde uno de los recintos para monos se encuentra junto al canal, la ruta continúa hasta las etapas finales del recorrido de Camden Lock y King's Cross.

5 The Line
Desde la asombrosa escultura ArcelorMittal Orbit (p. 166), en Queen Elizabeth Olympic Park, esta ruta de 8 km lleva al estadio abovedado O2 de Greenwich (p. 158), pasando junto a pinturas, esculturas y grandes instalaciones de artistas contemporáneos (ver panel lateral). La ruta comunica las vías fluviales del este de Londres siguiendo aproximadamente el meridiano de Greenwich. El recorrido incluye un tramo en tren DLR (p. 172) y otro en teleférico.

6 Jubilee Walkway
Con tiempo y un buen par de zapatos se puede recorrer esta ruta de 24 km que enlaza lugares emblemáticos de Londres como el British Museum (p. 22),

Trafalgar Square *(p. 100)* y la City. Otra opción es empezar por un tramo más pequeño de la ruta: los 7 km de Camden Loop, perfectos para aquellos que quieran superar los límites del centro de la ciudad.

7 Thames Path
Aunque no lo sepan, muchos de los visitantes que van hasta South Bank acaban recorriendo una pequeña sección del Thames Path. Para un recorrido más exigente por la ribera, un camino asfaltado de 129 km recorre ambas orillas del Támesis, desde Hampton Court, al suroeste de Londres *(p. 157)*, hasta Thames Barrier *(p. 165)*, al este.

8 Green Chain Walk
En la zona sureste de Londres, esta ruta señalizada de 80 km conecta espacios verdes, bosques y parques entre el Támesis y el cementerio de Nunhead. La mejor sección es la que cruza Crystal Palace Park *(crystalpalaceparktrust.org)*, que alberga algunas esculturas victorianas de dinosaurios, expuestas en 1854, cuando los artistas trabajaban basándose en los escasos fósiles y datos sobre dinosaurios de la época.

9 Capital Ring
Esta ruta de 125 km dividida en 15 tramos lleva a las afueras de Londres cruzando el Támesis por Richmond Bridge, al oeste, y el Woolwich Foot Tunnel, al este. En el camino destacan Syon Park *(p. 159)* al oeste, Finsbury Park al norte, Eltham Palace al sureste y el inmenso Queen Elizabeth Olympic Park al este.

10 London LOOP
Con casi 240 km de largo, recorrer enteramente el circuito London Outer Orbital Path (LOOP) exige dedicarle bastante tiempo. También puede elegirse uno de los 24 tramos más cortos y asequibles. Llano en su mayor parte, ofrece la oportunidad de conocer los hermosos bosques, colinas, parques comunales y zonas residenciales del Gran Londres.

TOP 10
OBRAS DE ARTE A LO LARGO DE THE LINE

El espectacular *ArcelorMittal Orbit*

1. La escultura *ArcelorMittal Orbit* *(p. 166)* de Anish Kapoor es un icono del Queen Elizabeth Olympic Park.

2. El emocionante tobogán túnel *The Slide*, de Carsten Höller, forma parte de la escultura de Kapoor.

3. La instalación de luces *Diver* fue creada por el artista Ron Haselden junto con los niños de la zona.

4. Cinco pájaros sobre postes conforman la escultura *A Moment Without You* de Tracey Emin.

5. *0º000 Navigation* de Simon Faithfull incluye grabados de dibujos que hizo mientras recorría el meridiano cero.

6. La escultura de Laura Ford *Bird Boy* se alza sobre las aguas del Royal Victoria Dock.

7. *Quantum Cloud*, una figura a gran escala de Antony Gormley, está hecha de 325 piezas de acero.

8. *Tribe and Tribulation* es una instalación sonora de Serge Attukwei Clottey dispuesta dentro de una estructura totémica de madera.

9. *A Slice of Reality*, de Richard Wilson, es la sección de la octava parte de un barco amarrado en el Támesis.

10. *Here*, de Thomson & Craighead, es una señal de tráfico británica que marca la distancia recorrida siguiendo el meridiano cero.

Paseando por South Bank al atardecer

LUGARES JUNTO AL TÁMESIS

El *HMS Belfast,* único buque británico superviviente de la Segunda Guerra Mundial

1 *HMS Belfast*
⊞H4 ⊞The Queen's Walk SE1 ⊞10.00-17.00 diario (últ adm: 1 h antes del cierre) ⊞24-26 dic ⊞iwm.org.uk ⊞

El último de los barcos de cañones de nueve cubiertas, el *HMS Belfast,* fue construido en 1938 y prestó servicio en la Segunda Guerra Mundial y en Corea. Retirado en 1963, fue rehabilitado y transformado en museo en 1971.

2 Houses of Parliament
El palacio de Westminster *(p. 91),* su nombre oficial, es impresionante desde cualquier ángulo. De estilo neogótico, muestra en su extremo norte la Elizabeth Tower, más conocida como Big Ben.

3 Savoy Hotel
El primer hotel de lujo de Londres *(p. 179)* abrió en 1889 sobre el medieval Savoy Palace y se rehabilitó en la década de 1920 en estilo *art déco.* Sus ascensores, lacados chinos, fueron de los primeros de Europa. Merece la pena tomar un té por la tarde en el Thames Foyer o cenar en el Savoy Grill del chef Gordon Ramsay, galardonado con una estrella Michelin. Al lado está el histórico Savoy Theatre, construido para la ópera D'Oyly Carte y famoso por albergar las operetas de Gilbert y Sullivan.

4 Shakespeare's Globe
Este edificio construido *(p. 93)* en roble, paja y 36.000 ladrillos fabricados a mano está cerca del emplazamiento original del Globe Theatre, destruido por un incendio en 1613. El centro no está cubierto, de modo que las representaciones solamente tienen lugar en ciertas épocas del año. Hay visitas guiadas todo el año, un bar y un restaurante con vistas al río *(p. 97).*

5 Millennium Bridge
⊞R3
Este puente colgante conecta la Tate Modern en Bankside con St Paul's

Millennium Bridge y St Paul's Cathedral al anochecer

Cathedral y la City al otro lado del río. Fue el primer puente construido en el centro de la ciudad en 100 años.

6 Lambeth Palace

📍F5 🏛Lambeth Palace Rd SE1 🕐Los horarios varían, consultar la página web 🌐archbishopofcanterbury.org

Es la residencia oficial en Londres del arzobispo de Canterbury y una parte data del siglo XIII. Su característica y distintiva entrada principal, visible desde el Támesis, es la Morton's Tower o Gatehouse (1490) de ladrillo rojo.

7 Cutty Sark

🏛King William Walk SE10 🕐10.00–17.00 diario (últ adm: 16.15) 🕐24–26 dic 🌐rmg.co.uk 💷

Se botó en 1869 y es el último de los navíos que traían té a Londres. Su historia y cómo era la vida a bordo se explica en el interior y por una tarifa especial se puede subir al aparejo y tener magníficas vistas de la ciudad.

8 St Katharine Docks

Esta fue la primera construcción que se levantó en los remodelados Docklands. El atractivo muelle (p. 144) está situado junto a Tower Bridge. Diseñado por Thomas Telford en 1826, sufrió graves daños durante la Segunda Guerra Mundial y se remodeló entre las décadas de 1970 y 1990. La zona está rodeada de lujosos apartamentos, tiendas y restaurantes.

9 Tower Bridge

Esta maravilla neogótica, construida en 1894, es una obra maestra de la ingeniería civil y sus mitades se levantaban mediante bombas de vapor. Alzado, alcanza los 40 m de altitud. La entrada incluye subir al mirador en lo alto de las torres. Se pueden visitar las bombas de vapor, que funcionaron hasta 1976, cuando fueron sustituidas por un sistema eléctrico.

10 Dique del Támesis

Esta barrera, a lo largo del curso bajo del Támesis (p. 165) fue construida entre 1974 y 1982 para prevenir las peligrosas mareas y evitar las frecuentes inundaciones en el centro de Londres. El centro para visitantes detalla una larga historia de inundaciones en Londres. La barrera ha subido más de 200 veces desde que se abrió.

Parte del dique del Támesis, que protege Londres de las inundaciones

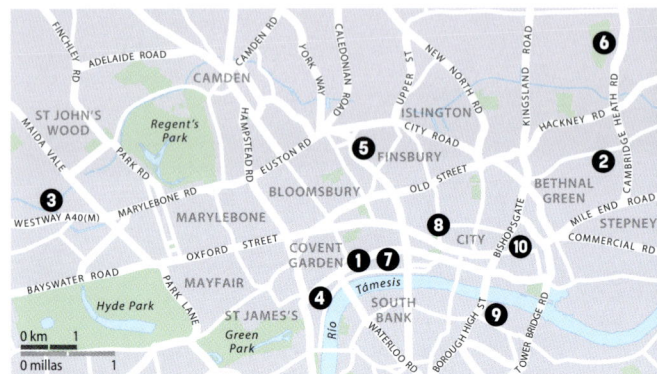

FUERA DE LAS RUTAS HABITUALES

1 St Clement Danes

📍N2 🚇Strand WC2 🕐10.00-16.00 lu-sá, 10.00-15.00 do
🌐 stclementdanesraf.org

Esta iglesia de Wren de 1681 fue reconstruida tras ser bombardeada en 1941 y se convirtió en la iglesia de la Royal Air Force (RAF). En su interior abundan símbolos, recuerdos y monumentos relacionados con la RAF. Sus campanas tañen la canción *Orange and Lemmons*.

2 E Pellicci

🚇332 Bethnal Green Rd E2
🕐8.00-16.00 lu-sá 🌐epellicci.co.uk

Considerado el mejor café tradicional *greasy spoon* (cuchara grasienta) de East End. El E Pellicci ha sido regentado por la misma familia italiana desde hace un siglo. El desayuno es legendario.

3 Puppet Theatre Barge

📍B2 🚇Little Venice W2
🌐puppetbarge.com

Desde mediados de septiembre a mediados de julio, entre las barcazas de los canales de Little Venice se encuentra el Puppet Theatre Barge, que realiza espectáculos para niños. En las vacaciones de verano se mueve por el Támesis hasta Richmond.

4 Benjamin Franklin House

📍M4 🚇36 Craven St WC2
🕐Visitas guiadas: los horarios varían, consultar la página web 🌐benjamin franklinhouse.org 🕐🕐

Esta casa de apariencia modesta *(p. 110)* fue escenario de muchos inventos. El gran estadista y científico estadounidense vivió aquí entre 1759 y 1775, mientras soñaba con el pararrayos y la medida de la corriente del Golfo. Las visitas guiadas informan sobre la vida de Franklin, así como de la historia y arquitectura de la casa.

5 The Postal Museum

📍F2 🚇15-20 Phoenix Place WC1 🕐10.00-17.00 mi-do
🌐postalmuseum.org 🕐

En el pasado la oficina postal más grande del mundo, este museo recorre 500 años de la historia del servicio postal a través de instalaciones interactivas, interesantes exposiciones y un emocionante recorrido en el Mail Rail. El tren en miniatura hace un corto pero evocador paseo por la red ferroviaria subterránea del Post Office de Londres que se remonta a 1920.

Leadenhall Market, un bonito mercado cubierto

6 London Fields
⊞ E8 ⏱ 24 horas diario
🌐 hackney.gov.uk/london-fields

Este parque popular, en el corazón del moderno Hackney, alberga una piscina olímpica al aire libre, la London Fields Lido *(p. 166)*, además de pistas de tenis y una pradera de flores silvestres. El cercano Hackney Museum explora las variadas influencias culturales de la zona.

7 Temple
⊞ P2–P3

Este campus ribereño, en el corazón de la ciudad, alberga dos de los cuatro colegios de la justicia británica. Su red de callejuelas, jardines y edificios medievales lo hace un lugar idóneo para huir del bullicio del West End.

8 Postman's Park
⊞ R1 Ⓜ EC1 ⏱ 8.00–19.00
(o al anochecer si es antes)
🌐 cityoflondon.gov.uk/things-to-do

El nombre de este rincón ideal para un pícnic procede de los carteros que trabajaban en la oficina de correos contigua. Alberga el George Watts Memorial, que homenajea a la gente que sacrificó su vida por los demás.

9 Old Operating Theatre
⊞ T4 Ⓜ 9a St Thomas St SE1
⏱ 10.30–17.00 ju–do
🌐 oldoperatingtheatre.com ↗

Este quirófano restaurado, situado en el emplazamiento original del

El Old Operating Theatre, parte de la historia de la medicina

hospital St Thomas, es una estremecedora ventana a la medicina el siglo XIX y la sala de operaciones más antigua que se conserva en Europa, previa al uso de antisépticos y anestésicos. Ubicado en el ático de una iglesia, se accede por una estrecha escalera de caracol y está repleto de hierbas medicinales y antiguos medicamentos e instrumental quirúrgico.

10 Leadenhall Market
⊞ H3 Ⓜ Gracechurch St EC3
⏱ 24 horas diario
🌐 leadenhallmarket.co.uk

El foro romano estuvo en Leadenhall. Aún sorprende este laberinto de arcadas revestidas de hierros forjados. Actualmente alberga *boutiques*, queserías, floristas, tiendas *gourmet* y varios *pubs* y vinotecas.

LONDRES EN FAMILIA

**Espejo infinito en
el Science Museum**

1 Science Museum
Este inmenso museo cuenta con una colección de exposiciones interactivas sobre ciencia, fascinantes tanto para adultos como para niños (*p. 30*).

2 Natural History Museum
El soberbio Museo de Historia Natural (*p. 28*), con sus especímenes, exposiciones y simuladores, es un tesoro nacional.

3 Mudchute Park and Farm
Las granjas urbanas son ideales para las familias y las 13 hectáreas de

Mudchute Park and Farm (*p. 166*) la hacen una de las mayores de Europa. Esta granja alberga más de 100 animales, desde llamas y burros hasta cerdos y ovejas. Hay visitas guiadas en las vacaciones escolares. Además de animales, cuenta con amplia variedad de plantas, pantanos y praderas perfectas para los niños. Hay un café, el Mudchute Kitchen, donde se puede comer algo.

4 Zoo de Londres
Se puede disfrutar todo un día en este zoo de 15 hectáreas (*p. 137*). Es la sede de la Zoological Society of London y pone especial interés en la conservación y en la investigación. El recorrido incluye la Playa de los Pingüinos, el Reino de los Gorilas, el Paraíso de las Mariposas y el recinto de los leones.

5 Sea Life London Aquarium
Situado en el South Bank, el acuario (*p. 94*) alberga miles de criaturas marinas. Un recorrido a través de las 14 zonas las muestra en todo su esplendor. Se ven, entre otros, pulpos, mantarrayas, tiburones y pingüinos.

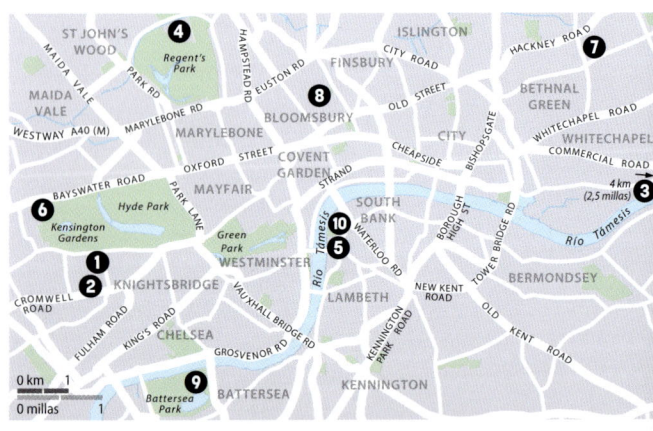

Disfrutando de un día de sol en el Diana Memorial Playground

6 Diana Memorial Playground
📍 A4 🏛 Kensington Gardens W2
🕐 10.00-atardecer diario
🌐 royalparks.org.uk

Con un barco pirata inspirado en las historias de Peter Pan, el Diana Memorial Playground es el lugar ideal para hacer funcionar la imaginación.

7 Young V&A
Este museo de East End *(p. 165)* alberga una de las colecciones de juguetes más grandes del mundo. Tiene talleres donde se anima a los niños a crear.

8 Coram's Fields
📍 F2 🏛 93 Guilford St WC1 🕐 9.00-anochecer diario 🌐 coramsfields.org

No se permite la entrada a adultos que no vayan acompañados de niños. Hay una piscina infantil, areneros y un parque de aventura con una tirolina y un gran tobogán.

9 Battersea Park
📍 C6-D6 🏛 Albert Bridge Rd SW11
🕐 8.00-anochecer (puertas del parque: 6.30-22.30) 🌐 wandsworth.gov.uk/batterseapark [adm]

Este enorme parque del sur de Londres es ideal para los niños. Hay una zona de aventura, un lago para navegar y bicicletas infantiles de alquiler. También alberga un zoo infantil *(batterseaparkzoo.co.uk)* con suricatos,

nutrias, monos, cerdos y burros, entre otros animales. Se permite que los niños ayuden a alimentar a algunos animales.

10 London Dungeon
📍 N5 🏛 County Hall, Westminster Bridge Rd SE1
🕐 11.00-16.00 lu-vi, 10.00-16.00 sá y do (horario ampliado durante vacaciones escolares)
🌐 thedungeons.com

Esta terrorífica atracción de la orilla sur combina historia y terror, con actores y efectos especiales que recrean los episodios más sangrientos de la historia británica. Se puede seguir el rastro del asesino en serie victoriano Jack el Destripador, ser testigo de la Conspiración de la Pólvora de Guy Fawkes o ser condenado por Enrique VIII en el trayecto sobre agua de la Tyrant Boat Ride. Su recorrido de 90 minutos no es apto para cardiacos e incluso los más valientes se sorprenderán gritando.

Entrada al terrorífico London Dungeon

ARTES ESCÉNICAS

Bailarina en el
Royal Opera House

1 Royal Opera House
Uno de los teatros de ópera más grandes del mundo. Es la sede de la compañía del Royal Ballet (p. 107) y presenta producciones internacionales de ópera. Aparte del suntuoso auditorio principal, aquí se encuentran también el Linbury Theatre y The Clore Studio, dedicados a producciones y eventos más pequeños. Hay visitas guiadas entre bambalinas y a menudo sus actuaciones se retransmiten en cines de todo el mundo.

2 Southbank Centre
El centro (p. 92) cuenta con tres salas de conciertos, Royal Festival Hall, Queen Elizabeth Hall y Purcell Rooms, así como la Hayward Gallery, la National Poetry Library, tiendas y restaurantes. Acoge una gran variedad de eventos.

3 Barbican Centre
Es la sede de una de las mejores compañías de música: la London Simphony Orchestra. El Barbican Centre

(p. 143) es el complejo dedicado a las artes más importante de la City. Teatro, cine, conciertos, danza y exposiciones tienen lugar aquí y hay, además, muchos restaurantes, cafés y bares. También tiene una biblioteca y una sala de convenciones. Cerca se halla el Guildhall School of Music and Drama.

4 London Coliseum
Es otro de los centros importantes dedicados a la ópera (p. 110), que presenta innovadoras producciones cantadas en inglés por la English National Opera. Se inauguró en 1904, y fue restaurado en 2004.

5 Donmar Warehouse
El íntimo Donmar (p. 110) ha creado algunas de las producciones más dinámicas de Londres de los últimos años, que han pasado a los grandes teatros y han sido muy aclamadas. Tal es su fama que a menudo las producciones cuentan con estrellas que podrían llenar recintos mucho más grandes.

6 Old Vic
📍 P5 🏛 The Cut SE1
🌐 oldvictheatre.com
Famoso por sus colaboraciones con Laurence Olivier y otros grandes actores británicos, este histórico teatro

El impresionante National
Theatre iluminado

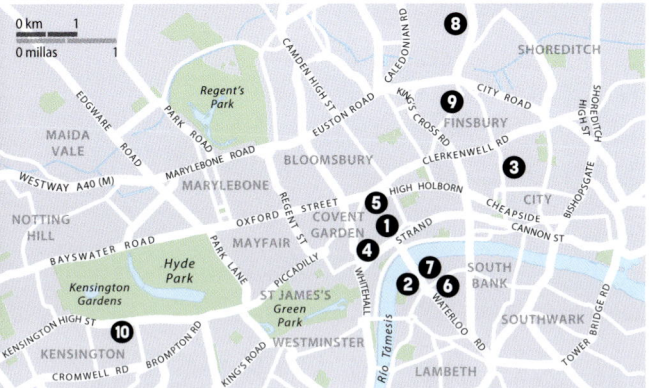

ha ganado nervio en la última década con producciones innovadoras e iniciativas comprometidas con los jóvenes. El programa normalmente incluye modernas reposiciones de clásicos olvidados. Se le ha añadido una nueva ala con espacios para eventos y un café-bar.

7 National Theatre
📍 N4 🏛 South Bank SE1
🌐 nationaltheatre.org.uk 📱📷

Ver una obra aquí es sumergirse en el centro de la vida cultural londinense. Dentro de los bloques de hormigón de este innovador edificio, diseñado por Denys Lasdun, e inaugurado en 1976, se puede ver un musical, una obra clásica o una moderna en alguno de sus tres escenarios: Olivier, Lyttelton o Dorfman. Se ofrecen varias visitas

entre bambalinas. Las entradas con tarifa reducida se venden el mismo día 60 minutos antes de la actuación.

8 Almeida Theatre
Este teatro de Islington (p. 154) es uno de los más reconocidos y premiados teatros periféricos de la ciudad y promueve programas innovadores y experimentales del nuevo teatro británico, clásicos reimaginados y jóvenes talentos en alza. Esta sala de 325 localidades ha acogido un buen número de producciones notables.

9 Sadler's Wells
Considerado el mejor teatro de danza de Londres en 1950 (p. 154), en la actualidad tiene un programa variopinto, desde versiones creativas de los clásicos por parte del coreógrafo Matthew Bourne hasta estilos internacionales de danza, baile contemporáneo y hip-hop.

10 Royal Albert Hall
Este edificio circular (p. 130) que recuerda a un anfiteatro romano tiene un friso de terracota en el exterior. Su ambiente interior lo convierte en un escenario privilegiado para todo tipo de conciertos, incluidos los famosos *proms* (*promenade concerts*), que duran ocho semanas (p. 86), o funciones de ópera, *ballet* o el Cirque du Soleil.

MÚSICA EN DIRECTO

1 Ronnie Scott's
Este legendario club de jazz *(p. 103)* londinense fue abierto en 1959 por el saxofonista Ronnie Scott (1929-1996) en Gerrard Street. Se trasladó al Soho en 1965. Pequeñas mesas con lámpara rodean un escenario que ha acogido a estrellas como Ella Fitzgerald o Dizzy Gillespie, y continúa ofreciendo los trabajos de los mejores artistas del mundo del jazz.

2 100 Club
K2 ⏺ 100 Oxford St W1
🆆 the100club.co.uk
Local de jazz, blues, rock y pop, cuyo legado es legendario: los Rolling Stones tocaron aquí, así como los Sex Pistols y otros grupos punk de la década de 1970. Hoy se dedica sobre todo al rock y el indie.

3 The Jazz Café
D1 ⏺ 5 Parkway NW1
🆆 thejazzcafelondon.com
Los mejores grupos de diversos géneros y una excelente comida se disfrutan en este local. Las mesas de los balcones tienen magníficas vistas.

4 KOKO
D1 ⏺ 1a Camden High St NW1
🆆 koko.co.uk
Acoge sobre todo conciertos indie y noches de disco, pero también estrellas como Arcade Fire. Reabrió en 2022 tras una gran renovación, que añadió nuevos escenarios y una terraza en la azotea.

5 O2 Academy, Brixton
⏺ 211 Stockwell Rd SW9
🆆 academymusicgroup.com/o2academybrixton
Excelente lugar para ver actuaciones de todo tipo. Aunque el local puede acoger cerca de 5.000 personas, consigue mantener un ambiente íntimo, con buena visión desde cualquier parte del auditorio.

6 Roundhouse
En este local *(p. 154)* han actuado los Rolling Stones, Jimi Hendrix, Led Zeppelin y otros ilustres. Era un hangar de trenes, pero en 2006 se transformó en uno de los escenarios principales de Londres. Actúan desde grandes nombres hasta talentos emergentes.

7 Eventim Apollo, Hammersmith
⏺ 45 Queen Caroline St W6
🆆 eventimapollo.com
Este antiguo cine es cada vez más popular y en él se han organizado grandes conciertos. Los últimos 16 años ha acogido la producción de la BBC *Live at the Apollo*.

Actuación en directo en
el club de jazz Ronnie Scott's

8 Union Chapel
19b Compton Terrace N1
unionchapel.org.uk

Esta capilla neogótica que aún funciona como iglesia alberga conciertos y otros espectáculos, y ofrece una de las mejores experiencias musicales de Londres.

9 The O2
Peninsula Sq, North Greenwich SE10 theo2.co.uk

Construido en 2007 como Millenium Dome, pero convertido después en una sala con 20.000 localidades, The O2 acoge a las superestrellas. El índigo de O2, más íntimo, tiene capacidad para 2.800 personas. Llegar en el Thames Clipper o en el IFS Cloud Cable Car aumenta la diversión.

10 The Troubadour
A6 263-267 Old Brompton Rd SW5 troubadourlondon.com

Fundado en 1954, este café dedicado a la música es uno de los escenarios de música independiente más antiguos de Londres. Los mejores cantantes folk de la década de 1960, incluido Bob Dylan, tocaron aquí, y ahora es un local tranquilo y agradable que programa actuaciones con regularidad.

The Troubadour, un histórico local de música en directo

TOP 10
MÚSICOS LONDINENSES

Stormzy durante un concierto

1. Stormzy
En 2019, la superestrella del grime, nacido en Croydon, se convirtió en el primer solista negro en encabezar el cartel de Glastonbury.

2. David Bowie
Bowie, nacido en Brixton, ha sido, sin duda, uno de los cantantes más influyentes del mundo.

3. Adele
Originaria de Tottenham, Adele es una de las cantautoras de más éxito de los últimos 15 años.

4. George Michael
Tras disolverse Wham!, el fallecido cantante, nacido en Finchley, vendió millones de discos en solitario.

5. Led Zeppelin
Creado en Londres en 1968, los integrantes de Led Zeppelin son considerados los padres del rock duro.

6. The Kinks
Liderada por Ray Davies, la banda de Muswell Hill creó *Waterloo Sunset*, uno de los más duraderos himnos londinenses.

7. Adam Ant
Cantante del grupo de new wave Adam and the Ants, que fue objeto de culto en la década de 1980.

8. Marc Bolan
De Stoke Newington, Bolan fue uno de los pioneros del glam rock en la década de 1970.

9. Sex Pistols
Legendaria banda de punk creada en Londres en 1975.

10. Amy Winehouse
Una estatua en Camden recuerda a la fallecida cantante, cuya conmovedora voz le hizo ganar legiones de seguidores.

COMIDA LOCAL

Pescado rebozado con limón, patatas y salsa tártara

1 *Fish and chips*
La primera "chippie" abrió en el East End de Londres en la década de 1860 y hoy es la comida para llevar más popular del país. Suele consistir en bacalao, abadejo o platilla rebozado, acompañado de patatas fritas cubiertas de sal y vinagre. Rock & Sole Plaice *(p. 113)*, el más antiguo de Londres, usa la misma receta desde hace más de 150 años.

2 **Asado dominical**
La tradición del asado se atribuye al rey Enrique VII, a quien le encantaba el *roast beef*. Tal vez por ello hoy casi todos los *pubs* y muchos restaurantes sirven asado con verduras, patatas y salsa los domingos. El pollo, la ternera y el cerdo suelen ser las opciones de carne más populares; el asado de nueces es la alternativa vegetariana.

3 **Desayuno inglés completo**
Este plato, cuyo origen se atribuye a la gran comida que tomaban los nobles antes de una cacería, incluye varios ingredientes: tocino, salchichas, huevos, morcilla, tomates, champiñones y alubias. Sin embargo, no se trata de un plato exclusivamente matutino y muchos cafés típicos (llamados "caff") incluyen en sus opciones desayunos durante todo el día *(all day breakfast)*.

4 **Curris del sur de Asia**
El curri llegó al Reino Unido de la mano de los trabajadores indios a finales del siglo XVIII. Hoy, las casas de curri son sinónimo de Londres, fáciles de encontrar y con mil variedades para elegir. Brick Lane está considerado el mejor lugar para comer un curri, pero Tooting, en el sur de Londres, tiene gran éxito por su variedad de platos pakistanís e indios.

5 **Pollo jerk jamaicano**
Londres cuenta con una gran comunidad caribeña, que ha ido creciendo desde los años 1940-1950. Su corazón se encuentra en Brixton, un centro multiétnico perfecto para probar esta especialidad jamaicana. Fish, Wings & Tings, en Brixton Market *(fishwingsandtings.com)* ofrece comida caribeña con ingredientes frescos locales.

6 *Wrap de falafel*
La comunidad libanesa que se asentó en los alrededores de Edware Road en la década de 1970 trajo consigo toda una deliciosa variedad de falafel, kofta y kibbe de Oriente Próximo. Ahora, los *wraps* de falafel para llevar son una comida elegida por miles de londinenses,

Ingredientes de un desayuno inglés completo

que los compran en los puestos callejeros y restaurantes de Oriente Próximo que abundan en la capital.

7 Pastel de carne con puré
Este reconfortante plato ha sido muy popular entre los trabajadores londinenses desde época victoriana, ya que la masa del pastel protege la carne de la suciedad. La tienda del siglo XIX M. Manze *(manze.co.uk)* vende pasteles de carne con puré de patata y *liquor* (una salsa a base de perejil). Los más valientes pueden añadir guarnición de anguila en gelatina, picada, hervida en caldo y servida fría.

8 Dim sum
La comida china ha impregnado la cocina británica en el último siglo y la peatonal Chinatown *(p. 99)*, repleta de restaurantes, tiendas y supermercados, ha sido el centro de esta comunidad gastronómica desde la década de 1960. Restaurantes abarrotados y pequeños locales ofrecen los mejores *dim sum* –pequeños platos de empanadillas o panecillos rellenos– de la ciudad, así como especialidades de Sichuan.

9 Kebab
Este plato turco compuesto de carne a la parrilla, ensalada y salsa de ajo y guindilla servido en un pan de pita es uno de los preferidos de los londinenses, tanto para llevar a casa como para tomar tras una salida nocturna. Para comer sentado, Tottenham y Haringey cuentan con varios restaurantes turcos, al igual que Lewisham y Peckham, al sur.

10 Pizza
En 1965, el británico Peter Boizot abrió su propio restaurante, el PizzaExpress *(p. 103)*, para servir *pizza* italiana de calidad. Su apertura provocó una explosión de pizzerías, junto con novedades como la masa fermentada o la *deepdish*. "Little Italy", en Clerkenwell, cuenta con varias pizzerías italianas que sirven auténticas *pizzas* de base crujiente o esponjosa, con la clásica salsa de tomate y mozarela fresca.

TOP 10
CURRIS SURASIÁTICOS

1. Pollo tikka masala
Este pollo marinado, servido con una salsa picante espesa, es uno de los platos más populares del Reino Unido.

2. Madrás
Platos picantes, especiados y ligeramente ácidos, que se sirven con raita refrescante y una salsa similar al yogur.

3. Biriyani
Se trata de un delicioso plato habitualmente compuesto de pollo, arroz, cebolla frita y ghee.

4. Korma
Menos picante que otros curris, el korma tiene un sabor dulce por su espesa salsa de coco con almendras o anacardos.

5. Balti
Este plato con salsa, cocinado y servido en un cuenco de hierro, incluye trozos de ajo, cebolla y especias.

6. Faal
No es raro que este curri, considerado el más picante del Reino Unido, esté repleto de guindilla molida.

7. Masala dosa
Una crepe del sur de la India rellena de curri de patatas y servida con chutneys y verduras.

8. Jalfrezi
Pimientos verdes, cebollas y tomates forman la base de este salteado con salsa picante.

9. Tandoori
Cocinado en un horno tandur de barro, es un delicioso plato de carne especiada con sabor ahumado.

10. Vindaloo
Una popular versión picante bangladeshí de un curri de Goa.

Plato de pollo tikka masala

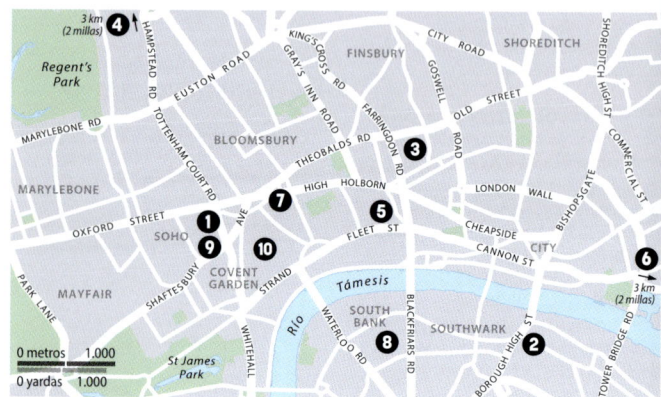

PUBS

1 The Dog and Duck
Este *pub* victoriano *(p. 104)* en el Soho, es famoso por haber sido frecuentado por Madonna o George Orwell. Tiene una barra diminuta donde se pueden encontrar estudiantes de literatura o dibujantes, y una pizarra con la última selección de cervezas del Reino Unido.

2 George Inn
En parte data de 1676 y es la única posada con galería para coches *(p. 96)* que queda en Londres. Se entregó al National Trust en la década de 1930. Aquí pueden disfrutarse magníficas cervezas en sus muchas salas, con

Terraza exterior del George Inn del siglo XVII

ventanas enrejadas y vigas de madera, o en el patio.

3 Holy Tavern
Pequeño, agradable y evocador *pub (p. 147)*, equipado como una cafetería del siglo XVIII. Tiene un interior de madera con mosaicos, diminutos apartados y una barra pequeña, y sirve una amplia selección de cervezas. Cierra los fines de semana.

4 Spaniards Inn
Este encantador *pub* del siglo XVI *(p. 155)* situado en el norte de Hampstead Heath, con su atractivo jardín de verano, está jalonado de historias y leyendas: se cuenta que en el siglo XVIII el famoso bandolero Dick Turpin estuvo aquí, así como los genios literarios Keats, Shelley o Byron y el artista *sir* Joshua Reynolds. Aunque la parte de abajo del bar ha sido frecuentemente reformada, el pequeño Turpin Bar de arriba es original. Su carta incluye cocina contemporánea y de temporada.

5 Ye Olde Cheshire Cheese
Situado en un callejón de Fleet Street, este laberinto de habitaciones *(p. 147)* aún parece que tuviera serrín

**Distintivo del *pub*
Ye Olde Cheshire Cheese**

por el suelo. Fue reconstruido en 1667, después del Gran Incendio, y fue el lugar favorito de Samuel Johnson *(p. 60)* y de otros escritores. Nunca está demasiado lleno y sus tranquilos rincones lo convierten en un buen lugar de encuentro en invierno. Buen sitio para disfrutar de comida de *pub*.

6 The Grapes
Este clásico *pub (p. 167)* abierto en 1583, aunque gran parte del edificio actual data de la década de 1720, aparece en *Nuestro común amigo* de Charles Dickens. Ahora es propiedad de un grupo que incluye al actor *sir* Ian McKellen. Se ha mantenido el encanto tradicional, pero añadiendo un restaurante de alta calidad en el primer piso. Tiene una galería climatizada con vistas al Támesis.

7 Princess Louise
El Princess Louise *(p. 121)* es un precioso *pub* del siglo XIX restaurado, con vidrieras, suelo de mosaico, espejos, recovecos y diversos ambientes. Un reclamo inesperado es la cerveza Sam Smith, producida en Yorkshire, así como los deliciosos pasteles y budines.

8 Anchor & Hope
Cerca del joven teatro Vic, este animado *gastropub (p. 96)* merece el tiempo de espera para disfrutar de soberbia comida inglesa como venado cocinado a fuego lento y raya de la costa sur. La comida del domingo es muy popular, así que hay que reservar con antelación.

9 French House
Durante la Segunda Guerra Mundial fue lugar de encuentro de la Resistencia francesa, de ahí su nombre *(p. 104)*. Tiene fama de refugio bohemio porque lo frecuentaron artistas y poetas como Francis Bacon, Brendan Behan o Dylan Thomas. Ahora es famoso por su sidra de Bretaña, sus buenos vinos y su cocina de proximidad, que se sirve en la planta de arriba.

10 The Lamb & Flag
Este antiguo *pub (p. 112)* esconde un callejón semejante a los que presenta Charles Dickens en sus obras. Está en el corazón de Covent Garden y atrae a mucha gente; en verano los clientes suelen salir al callejón. A John Dryden, poeta del siglo XVII, lo sacaron a golpes de esta taberna, conocida entonces como The Bucket of Blood ("el barreño de sangre") porque eran frecuentes las peleas.

La elegante fachada de Lamb & Flag, en Covent Garden

TIENDAS Y MERCADOS

1 Fortnum & Mason
Fundada en 1707, es una de las tiendas más famosas y lujosas de la ciudad *(p. 126)*. La planta principal es famosa por sus productos tradicionales ingleses; pueden encontrarse magníficas cestas de pícnic y una selección de excelentes vinos en el sótano. Las plantas superiores venden ropa de hombre y de mujer de diseñadores y elegantes regalos.

2 Borough Market
Junto a la catedral de Southwark, el mercado de alimentos más antiguo de Londres *(p. 95)* también es uno de los más evocadores. Actualmente tiene más de cien puestos que venden productos de gran calidad de todo el país, así como especialidades internacionales.

3 Harrods
Son los grandes almacenes más famosos y exclusivos de Londres *(p. 130)*: casi más un espectáculo que un verdadero lugar de compras. En las siete plantas hay desde pianos hasta coches de carreras para niños, y todo a muy buen precio. El departamento de juguetes es excelente, y el de alimentación es justamente famoso, con helados de categoría, *pizzas, sushi* y cientos de delicias.

4 Harvey Nichols
Este emporio británico del diseño tiene su sede principal en Knightsbridge *(p. 133)*. Uno tras otro aparecen marcas de ropa, miles de perfumes, departamentos de belleza o artículos para el hogar. La quinta planta tiene un mercado de comida y el famoso café Fifth Floor.

5 Hamleys
Las siete plantas de la tienda de juguetes *(p. 102)* más grande de Londres tienen todo lo que un niño puede desear, desde muñecas tradicionales y juegos hasta muñecos de peluche gigantes, maquetas, artesanía y los últimos ingenios electrónicos. También hay muchas ideas para los que se resisten a dejar atrás su infancia.

La tienda de juguetes Hamleys, en Regent Street

6 Columbia Road Flower Market

Visitar este popular mercado de flores y plantas (p. 164) es de las cosas más agradables que hacer en Londres un domingo por la mañana. Con una impresionante oferta, hay gangas a medida que avanza el día.

7 Portobello Road

La calle más animada del oeste de Londres (p. 131) vende una mezcla de antigüedades y baratijas. Hacia el norte están las tiendas de alimentación, artesanía, ropa y música. Tiendas y algunos puestos abren todos los días, pero la principal atracción es la sección de antigüedades, que abre el sábado.

8 Camden Market

Magnífico para pasar el sábado (p. 151). Este laberíntico mercado en torno a Camden Lock abarca varias calles y edificios. Ofrece ropa, joyas y objetos *vintage*. Algunos de los puestos más interesantes están hacia el final de Chalk Farm, donde también se encuentra la estatua de la fallecida cantante y compositora Amy Winehouse, una habitual del mercado. Los fines de semana se llena.

9 Daunt Books

Esta impresionante librería eduardiana (p. 140), con largas galerías de roble, techos de cristal y vidrieras, es imbatible. Sus estanterías están llenas de guías de viaje y literatura de distintos países. Hay sucursales en Cheapside, Hampstead, Belsize Park y Holland Park.

10 Liberty

Este elegante edificio data de 1924 (p. 102). Fue construido con vigas de madera, y merece la pena disfrutar de su interior, con su suelo y sus paredes también en madera. Liberty ha estado relacionado con el movimiento Arts and Crafts y empleó a artistas como William Morris para diseñar las telas. Es famoso por sus tejidos florales, mobiliario para el hogar y moda para hombre y mujer.

Hermoso interior de los grandes almacenes Liberty

LONDRES GRATIS

1 Actuaciones en South Bank
📍 P4 🌐 southbankcentre.co.uk
A lo largo de South Bank, desde el National Theatre (p. 75) hasta el Royal Festival Hall (p. 92), hay muchos eventos gratuitos, desde conciertos y espectáculos hasta exposiciones de arte, instalaciones y bailes sociales en el salón Clore del Festival Hall. En verano, se colocan bares y escenarios a la orilla del río.

2 Circuitos a pie
🌐 freelondonwalkingtours.com
Free London Walking Tours ofrece paseos de dos horas por la ciudad. Hay varios recorridos: Secretos de Londres, Londres Libertino y Londres real con el cambio de guardia. No se paga por adelantado, pero como los guías solo ganan lo que reciben en propinas, se debe dejar una.

3 Museos y galerías de arte
La mayoría de las principales galerías de arte y museos de Londres son gratis, y es fácil pasarse el día entero en la Tate Modern (p. 36), el British Museum (p. 22) o en el Natural History Museum (p. 28). Menos conocidas son la Wellcome Collection (p. 118), con exposiciones temporales y permanentes sobre pasado, presente y futuro de la medicina, la Wallace Collection (p. 137) y la Kenwood House (p. 152), que exponen sus impresionantes colecciones en edificios históricos.

4 Cambio de guardia
📍 L5 🏛 Horse Guards Parade, Whitehall SW1 🌐 householddivision.org.uk/changing-the-guard
Esta ceremonia es famosa, pero resulta difícil verla bien desde Buckingham Palace. Es más tranquilo asistir al Horse Guards Parade, donde los guardias montados llegan a caballo para hacer el relevo. Los días y horas de la ceremonia pueden variar (consultar la web para detalles y horarios).

5 Anfiteatro romano
En la Guildhall Art Gallery (p. 144), las ruinas del coliseo de 2.000 años asoman desde un sótano. Construido hacia el año 70 d. C. para más de 6.000 espectadores, aquí se celebraban luchas de animales, ejecuciones y combates entre gladiadores. Los efectos de luz y sonido devuelven la vida a la arena.

6 Sky Garden

📍 H3 📍 20 Fenchurch St EC3
🌐 skygarden.london

El edificio "Walkie-Talkie", una mancha en el horizonte de la ciudad para algunos, alberga el jardín público más alto de Londres. Sus tres niveles acogen gran cantidad de especies llegadas de diferentes continentes. Vale la pena tomar algo en alguno de sus bares y disfrutar de las vistas.

7 Stand-up Comedy

📍 G1 📍 Camden Head,
2 Camden Walk, Islington N1
🌐 angelcomedy.co.uk

Conozca gratis las estrellas del futuro en uno de los clubes de la comedia de Londres. Angel Comedy en el *pub* Camden Head abre todas las noches.

8 Debates parlamentarios

Una visita a la galería de las históricas Houses of Parliament *(p. 91)* permite ver cómo se elaboran las nuevas leyes. También se pueden presenciar los debates la mayoría de los días –gratis– haciendo cola en Cromwell Green (consultar web del Parlamento para más detalles).

9 Vísperas

Westminster Abbey *(p. 38)* y St Paul's Cathedral *(p. 44)* son visitas obligatorias, pero sus entradas son caras. Acuda gratis asistiendo a misa, y tenga la experiencia de conocer las más importantes iglesias de Londres de la manera como fueron concebidas: lugares para la adoración y la reflexión.

10 Nature Watch at St James's Park

🌐 royalparks.org.uk

Como todos los parques reales, St James *(p. 123)* ofrece muchas actividades divertidas gratuitas, pero los que atraen más la atención son los pelícanos. Los primeros fueron donados por el embajador ruso en 1664. Las aves se alimentan a diario a las 14.30 cerca de Duck Island.

TOP 10
CONSEJOS PARA AHORRAR

En bicicleta por la ciudad

1. Busque los conciertos gratuitos en las iglesias *(p. 56)*, y en diferentes puntos del Southbank Centre.

2. Algunos museos son gratis y otros abren gratuitamente por la tarde. El London Pass *(londonpass.com)* da acceso a más de 90 de los principales lugares de interés.

3. En Covent Garden hay entretenimiento en la calle a diario. Leicester Square y South Bank también son buenos lugares.

4. Hay entradas baratas para el teatro (solamente para el mismo día) en TKTS, un kiosco en el lado sur de Leicester Square.

5. Se pueden comprar entradas de última hora haciendo la cola en las taquillas de los teatros.

6. Los parques de Londres *(royalparks.org.uk)* ofrecen muchas actividades gratis, desde exposiciones hasta conciertos.

7. Santander Cycles *(tfl.gov.uk)* es una manera barata de moverse por la ciudad. Se pueden alquilar las bicicletas desde tan solo 1,65 £.

8. Conviene explorar los numerosos puestos de comida callejera, donde deleitarse con comida deliciosa a buen precio.

9. Algunos de los mejores bares y coctelerías de la ciudad ofrecen *happy hour* de lunes a viernes, normalmente entre las 17.00 y las 19.00.

10. Se encuentran habitaciones baratas en las universidades de Londres (de junio a septiembre) y en los albergues juveniles *(lhalondon.com)*.

FESTIVALES Y EVENTOS

Colorido desfile de celebración del Año Nuevo Chino

1 Año Nuevo Chino
Fin ene–med feb
Chinatown (p. 99) es invadida por dragones que lanzan fuego durante este colorido festival que celebra el Año Nuevo Chino con un desfile, actuaciones y mucha comida.

2 RHS Chelsea Flower Show
May
Esta prestigiosa muestra anual organizada por la Royal Horticultural Society es también un evento social de cinco días. Se crean imaginativos jardines de flores solo para la ocasión en los jardines del Royal Hospital Chelsea.

3 Trooping the Colour
2.º o 3.ᵉʳ sá en jun
El rey celebra su cumpleaños en el Horse Guards Parade, con un solemne desfile militar. Las tropas de la Household Division, con sus famosas casacas rojas y sus gorros de pelo de oso, realizan un impecable desfile antes de escoltarlo hasta Buckingham Palace (p. 32).

4 Meltdown Festival
Jun
El atractivo especial de este festival de las artes es que cada año es comisariado por un director invitado. Algunos de ellos han sido David Bowie, Patti Smith, Yoko Ono y Grace Jones.

5 Royal Academy Summer Exhibition
Jun–ago
Casi 1.500 trabajos seleccionados por el público y los académicos para la muestra de arte más ecléctica del mundo. La mayoría de los trabajos expuestos están a la venta.

6 BBC Proms
Med jul–med sep
Este festival de ocho semanas de música clásica y orquestal es el más amplio programa de conciertos del mundo. Culmina con la famosa Last Night of the Proms, una extravagancia de tono patriótico que hace retumbar hasta sus cimientos el Royal Albert Hall (p. 130).

7 Carnaval de Notting Hill
Último fin de semana ago
Notting Hill celebra un carnaval caribeño de tres días de duración, con orquestas de metales, DJ, calipso y house, puestos de comida, vestidos brillantes y mucho baile. Originado por los antillanos británicos que vivían en Londres, el carnaval ha ido creciendo rápidamente y hoy asisten más de un millón de personas. El desfile infantil se celebra el domingo y el multitudinario desfile principal tiene lugar el lunes.

8 BFI London Film Festival
Oct ⓦ bfi.org.uk

Cientos de películas de todo el mundo se proyectan en varios cines, entre ellos el BFI Southbank, en los 12 días del festival. Incluye charlas, cortometrajes, arte inmersivo y eventos gratuitos.

9 Noche de fuegos artificiales
Alrededor del 5 nov

La imagen de Guy Fawkes, que intentó volar el Parlamento en 1605, se quema en hogueras por todo el país. En estos días, los fuegos artificiales son el atractivo principal. Alexandra Palace (p. 154) y otros parques organizan espectáculos de calidad. Hay que reservar con antelación.

10 Lord Mayor's Show
sá en nov

Cada año, la City elige un Lord Mayor que marcha en procesión a través de Mile Square en una carroza dorada. Esta es la procesión civil más antigua del mundo e incluye destacamentos militares, bandas de música, carrozas y representantes de las empresas de librea de la City, que visten sus trajes tradicionales. Todos ellos acompañan al Lord Mayor desde Mansion House hasta Law Courts, vía St Paul's. Ideal para familias, con música en directo, baile y comida durante todo el día.

El Lord Mayor conduciendo una carroza dorada rodeado de guardias

TOP 10
HITOS DEPORTIVOS

1 Seis Naciones
ⓦ sixnationsrugby.com
Torneo de rugbi entre Inglaterra, Francia, Irlanda, Italia, Escocia y Gales.

2 Regata entre Oxford y Cambridge
ⓦ theboatrace.org
La regata anual (en versión masculina y femenina) entre las dos universidades cubre un recorrido de 6,8 km por el Támesis.

3 Maratón de Londres
ⓦ tcslondonmarathon.com
Carrera de 42 km desde Greenwich Park hasta The Mall.

4 Final de la Copa FA
ⓦ thefa.com
El anhelado último partido anual de fútbol de esta competición se celebra en el Wembley Stadium.

5. Test Matches
ⓦ icc-cricket.com
Críquet internacional de primer nivel; los partidos duran hasta cinco días.

6. The Derby
ⓦ jockeyclub.co.uk
Este es el punto culminante de las carreras de caballos.

7 Royal Ascot
ⓦ ascot.co.uk
La sociedad se da cita en estas carreras y suele llevar sombreros estilosos e indumentaria elegante.

8 Torneo de tenis de Wimbledon
ⓦ wimbledon.com
El campeonato de tenis sobre hierba más importante del mundo.

9 Rugby League Challenge Cup
ⓦ rugby-league.com
El norte de Inglaterra acude a Londres para la final.

10 The London International Horse Show
ⓦ londonhorseshow.com
Diversión familiar en este espectáculo navideño, que es una de las mayores y más populares competiciones ecuestres de interior del país.

RECORRIDOS

Portobello Road Market

WESTMINSTER, SOUTH BANK Y SOUTHWARK

Westminster, sede del poder de Inglaterra desde hace un milenio, es sinónimo de dos de los edificios más impresionantes de Londres: las Houses of Parliament y Westminster Abbey. La zona está poblada de una curiosa mezcla de funcionarios y turistas, muchos de ellos subiendo y bajando por Whitehall, la calle que une Parliament Square y Trafalgar Square, o cruzando Westminster Bridge. Al otro lado del río, South Bank y Southwark presumen de contar con algunas de los lugares de interés más populares del Támesis: el London Eye, la Tate Modern y el Shakespeare's Globe, además de restaurantes, *pubs* y el famoso Borough Market, que mantienen este tramo ribereño siempre activo.

Para alojamientos en la zona, ver p. 178

Las Houses of Parliament desde lo alto del London Eye

1 Houses of Parliament
📍 M6 🏛 Palace of Westminster, St Margaret St SW1 🌐 parliament.uk
El neogótico palacio de Westminster, diseñado por Charles Barry, es el corazón político de Inglaterra y la sede de las dos Cámaras del Parlamento: la de los Lores y la de los Comunes.

2 London Eye
La espectacular noria ofrece vistas de vértigo sobre la ciudad (p. 34). Muy cerca se hallan los lugares de interés del County Hall: Sea Life London Aquarium (p. 94), London Dungeon (p. 94) y Shrek's Adventure.

3 Tate Modern
Es una de las grandes galerías de arte contemporáneo del mundo (p. 36). Está a orillas del río, en la antigua Bankside Power Station y en la moderna extensión del edificio Blavatnik. Un barco fluvial enlaza la Tate Britain y la Tate Modern.

4 Westminster Abbey
La iglesia más venerada y posible-mente más bonita de Londres (p. 38) se conserva desde hace un milenio y ha sido el escenario de coronaciones y bodas reales, así como el lugar de descanso final de los monarcas.

5 Churchill War Rooms
📍 L6 🏛 Clive Steps, King Charles St SW1 🕐 9.30–18.00 diario (últ adm: 17.00) 🌐 iwm.org.uk
Durante la Segunda Guerra Mundial, Winston Churchill y su Consejo de Guerra ocupaban estas oficinas debajo del edificio del Tesoro. Se conservan como quedaron en 1945, con habitaciones espartanas y los teléfonos especiales de colores. Se puede usar una audioguía para visitar las salas donde los ministros dirigían la guerra o visitar el Churchill Museum, que repasa la vida y carrera del estadista.

❶ Imprescindible
p. 91

① Dónde comer
p. 97

① Compras
p. 95

① Y además...
p. 94

① Pubs y cafés
p. 96

6 Downing Street
📍 L5 🚇 Downing St SW1
🔒 Al público

La residencia oficial y las oficinas del primer ministro británico están en una de las cuatro casas originales construidas en la década de 1680 para *sir* George Downing (1623-1684), que estudió en América siendo niño y volvió para luchar en la guerra civil de Inglaterra. Alberga un salón para banquetes de Estado y la sala del Gabinete, donde 20 ministros del Gobierno se reúnen para diseñar la política del país. En la puerta de al lado, en el 11, está la residencia del ministro de Hacienda y en el 9 y el 12 hay otras dependencias del Gobierno. Downing Street permanece cerrada al público desde 1989 por razones de seguridad.

7 Tate Britain
📍 E5 🚇 Millbank SW1 🕐 10.00–18.00 🌐 tate.org.uk

Inaugurada en 1897 como National Gallery of British Art, la magnífica colección de la primera Tate de Londres representa la mayor y mejor selección de arte británico, con obras que abarcan desde el siglo XVI hasta la actualidad. Aunque las instalaciones contemporáneas aportan contraste y dinamismo a los elegantes espacios, lo más destacado son las colecciones de obras de J. M. W. Turner y William Blake.

8 Southbank Centre
📍 N4 🚇 South Bank SE1
🌐 southbankcentre.co.uk

El centro artístico más accesible de Londres conserva el ambiente de optimismo igualitario. El Royal Festival Hall, el Queen Elizabeth Hall y el Purcell Room ofrecen distintos programas. La Hayward Gallery alberga grandes exposiciones de arte contemporáneo. El BFI Southbank, perteneciente al British Film Institute, ofrece una amplia selección de películas y actos. Los tres escenarios del National Theatre (Olivier, Dorfman y Lyttelton) están más adelante, en la ribera este del Támesis (p. 75). En los espacios peatonales hay actuaciones gratuitas, mercados de comida y bares con terraza.

WHITEHALL Y HORSE GUARDS

La amplia calle que une Parliament Square y Trafalgar Square recibe su nombre del palacio de Whitehall, la residencia principal de los monarcas Tudor. El palacio estaba vigilado en su parte norte, lo que en la actualidad es Horse Guards Parade, donde aún puede verse a la guardia a caballo todos los días, con una revista a pie a las 16.00.

Shakespeare's Globe, una réplica del original Globe Theatre

9 Shakespeare's Globe

🚇 R4 🏠 21 New Globe Walk, Bankside SE1 🕐 Funciones: med mar-med oct y fin dic 🌐 shakespearesglobe.com 📷 📱

Ver una obra de Shakespeare en el Globe es una experiencia mágica. El teatro está abierto al cielo, con las localidades dispuestas en tres gradas a los lados y espacio para estar de pie en el patio central. Un segundo escenario, el Sam Wanamaker Playhouse, está basado en diseños de teatros cubiertos de comienzos del siglo XVII. Tiene representaciones todo el año. Las visitas guiadas entre bambalinas merecen mucho la pena (los horarios varían; consultar la página web).

10 Imperial War Museum

🚇 F5 🏠 Lambeth Rd SE1 🕐 10.00-18.00 diario 🌐 iwm.org.uk

Este museo trata las consecuencias sociales de la guerra y su desarrollo tecnológico. El museo atiende sobre todo a los conflictos de los siglos XX y XXI. Las amplias salas documentan la guerra de trincheras en la Primera Guerra Mundial, la vida durante la Segunda Guerra Mundial y el Holocausto (inadecuado para menores de 14 años). En el atrio principal hay tanques, piezas de artillería y aviones, incluidos un Mark 1 Spitfire y un jet Harrier.

Admirando las pinturas de la Tate Britain

UN DÍA POR EL TÁMESIS

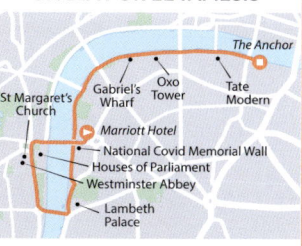

Mañana

Desayuna en el **Marriott Hotel**, donde estaba el antiguo Ayuntamiento de Londres. Cruza Westminster Bridge para visitar la **Westminster Abbey** (p. 38) y la cercana **St Margaret's Church**, del siglo XVI, junto a la abadía de Westminster.

Continúa por Abingdon Street y Millbank hasta Lambeth Bridge y vuelve a cruzar el río. Después de pasar el **Lambeth Palace** (p. 69) puedes tomar algo en el pequeño café de Lambeth Pier. Hacia el Albert Embankment, pasado el **National Covid Memorial Wall** hay estupendas vistas de las **Houses of Parliament** (p. 91).

Para comer, escoge un restaurante del South Bank.

Tarde

Camina junto al río para curiosear en los puestos de libros junto al BFI Southbank. También puedes entrar en las tiendas de artesanía de **Gabriel's Wharf** (p. 95) y las galerías de la **Oxo Tower** (p. 95); sube en el ascensor a la plataforma de observación de la torre.

Siguiendo el río se llega a la **Tate Modern** (p. 36), magnífico lugar para pasar el resto de la tarde. Río abajo, el *pub* **The Anchor** (p. 96) es un buen lugar para tomar algo y continuar luego hacia la Borough Market (p. 95), donde hay buenos restaurantes para cenar.

Y además...

Entrada al Clink Prison Museum, en el centro de Londres

1. Clink Prison Museum
📍 S4 🏛 1 Clink St SE1 🕐 10.00-18.00 diario 🌐 clink.co.uk 🔗
La prisión medieval de Londres alberga una exposición sobre sus presos y muestra instrumentos de tortura.

2. Sea Life London Aquarium
📍 N6 🏛 County Hall SE1 🕐 10.00-16.00 lu-vi (desde 11.00 ju); 10.00-17.00 sá, do y vacaciones escolares 🌐 visitsealife.com/London 🔗
Se puede explorar el mundo subacuático con miles de criaturas marinas como estrellas de mar, tortugas, medusas y pingüinos en uno de los mayores acuarios de Europa.

3. Vistas desde The Shard
📍 T5 🏛 Joiner St SE1 🕐 Los horarios varían, consultar la página web 🌐 theviewfromtheshard.com 🔗
En lo alto de la torre más elevada de Londres hay dos plantas con miradores. La planta 72 está abierta y las vistas llegan más allá de la ciudad.

4. BFI IMAX
📍 P5 🏛 Charlie Chaplin Walk SE1 🕐 Diario; los pases de película varían, consultar la web 🌐 bfi.org.uk 🔗
Pantalla de cine gigante que exhibe los últimos estrenos y documentales.

5. London Dungeon
📍 N5 🏛 County Hall SE1 🕐 Los horarios varían, consultar la página web 🌐 thedungeons.com 🔗
Esta terrorífica atracción recorre la sangrienta historia de la capital y es una de las favoritas de niños mayores y adultos.

6. Florence Nightingale Museum
📍 N6 🏛 2 Lambeth Palace Rd SE1 🕐 10.00-17.00 mi-do 🌐 florence-nightingale.co.uk 🔗
Fascinante museo dedicado a la vida y la obra de Florence Nightingale, célebre y revolucionaria enfermera del siglo XIX. A través de documentos y recuerdos, ilustra su vida y sus pioneros avances sanitarios.

7. *The Golden Hinde*
📍 S4 🏛 St Mary Overie Dock, Cathedral St SE1 🕐 10.00-18.00 diario (nov-mar: hasta 17.00). 🌐 goldenhinde.co.uk 🔗
Réplica del barco con el que *sir* Francis Drake dio la vuelta al mundo entre 1577 y 1580.

8. Fashion and Textile Museum
📍 H4 🏛 83 Bermondsey St SE1 🕐 11.00-18.00 ma-sá 🌐 fashiontextilemuseum.org 🔗
El museo fundado por la famosa diseñadora Zandra Rhodes alberga exposiciones bien organizadas sobre moda y tejidos.

9. Young Vic Theatre
📍 Q5 🏛 66 The Cut SE1 🌐 youngvic.org
Esta compañía de teatro independiente cultiva el talento de jóvenes actores y atrae a un público diverso gracias a sus aclamadas producciones.

10. Oxo Tower Wharf
📍 P4 🏛 Bargehouse St SE1 🕐 Diario 🌐 oxotower.co.uk
Un ascensor sube hasta el mirador que hay junto al restaurante *(p. 97)* para contemplar vistas magníficas.

Compras

1. Tienda del Parlamento
M6 ⌂ 12 Bridge St SW1
🌐 shop.parliament.uk
Vende libros políticos, menaje de hogar, joyas y grabados.

2. Lower Marsh Market
P6 ⌂ Lower Marsh SE1
🕐 11.00-15.30 lu-vi
🌐 lowermarshmarket.com
Este mercado vende vinilos y artesanía, y cuenta con varios puestos de comida.

3. BFI Shop
N4 ⌂ South Bank SE1 🕐 12.00-20.00 diario 🌐 shop.bfi.org.uk
Esta tienda de DVD, libros y regalos es de visita obligada para los cinéfilos.

4. Southbank Centre
N5 ⌂ South Bank SE1
🌐 southbankcentre.co.uk
Además de salas de conciertos y galerías de arte *(p. 92)*, cuenta con tiendas excelentes. La South Bank Centre Shop y los puestos de libros de segunda mano merecen una visita.

5. Gabriel's Wharf
P4 ⌂ Gabriel's Wharf SE1
🌐 coinstreet.org/gabriels-wharf
Junto al río, sus tiendas venden moda, joyería y menaje del hogar.

6. National Theatre Bookshop
N5 ⌂ South Bank SE1 🕐 10.00-22.30 lu-sá 🌐 shop.national theatre.org.uk
Librería con una gran variedad de obras teatrales y otros libros, además de regalos creativos para niños y adultos.

7. Borough Market
S4 ⌂ 8 Southwark St SE1 🕐 10.00-17.00 lu-vi, 9.00-17.00 sá, 10.00-16.00 do 🌐 boroughmarket.org.uk
En este popular mercado tradicional, cerca de la catedral de Southwark, se puede disfrutar de excelente comida de todas las regiones del país. Pocos puestos abren lunes y martes.

8. Bermondsey Antiques Market
H5 ⌂ Bermondsey Sq SE1 🕐 6.00-14.00 vi 🌐 bermondseysquare.net
Este mercado del viernes por la mañana ofrece joyas, cristalerías, baratijas y todo tipo de curiosidades.

9. Oxo Tower Wharf
P4 ⌂ Bargehouse St SE1 🕐 Los horarios varían, consultar la página web 🌐 coinstreet.org/shop-eat-drink
Dos plantas están destinadas a los diseñadores de moda, joyería e interiorismo, y gallery@oxo muestra regularmente fotografía, diseño y arquitectura vanguardistas.

10. Konditor
P5 ⌂ 22 Cornwall Rd SE1 🕐 8.00-19.00 lu-ma, 8.00-18.00 sá, 10.00-17.00 do 🌐 konditor.co.uk
Esta panadería urbana cuenta con una clientela de culto entre los expertos en bollería. Sus *brownies* son famosos.

Puestos de comida del animado Borough Market

The Anchor, típico *pub* londinense con varios siglos de vida

Pubs y cafés

1. The Southwark Tavern
📍 S4 🏠 22 Southwark St SE1
Popular *pub* con una amplia gama de comida y bebida. Arriba es luminoso y amplio, mientras que el bar de abajo tienen reservados con muros de ladrillo.

2. Gentlemen Baristas
📍 S5 🏠 63 Union St SE1
Todas las variedades de café llevan nombre de sombrero –el sombrero *bowler* se inventó aquí cerca–. Las pastas también son buenas.

3. Anchor & Hope
📍 Q5 🏠 36 The Cut SE1
La comida es de las mejores de la ciudad. Excelentes ingredientes británicos para una experiencia de *gastropub*.

4. Monmouth Coffee Company
📍 S4 🏠 2 Park St SE1
Este café con carácter se halla en pleno Borough Market y sin duda sirve el mejor café de Londres. También ofrece deliciosos pastelitos y aperitivos.

5. The Anchor
📍 R4 🏠 34 Park St SE1
Viejo y acogedor *pub* inglés, con mesas fuera durante el verano. El comedor del piso de arriba sirve comida tradicional de *pub*.

6. Wheatsheaf
📍 S4 🏠 6 Stoney St SE1
Ecléctica selección de cervezas artesanales y un menú a base de hamburguesas y *pizzas* hacen que sea una buena elección en el Borough Market.

7. The Kings Arms
📍 P5 🏠 25 Roupell St SE1
Local de merecida popularidad que sirve auténtica *real ale*, ubicado en un tranquilo callejón con bonitas terrazas georgianas. Sirve también buena cocina tailandesa.

8. Market Porter
📍 S5 🏠 9 Stoney St SE1
Popular *pub* histórico que da al mercado de Borough. Lleva atendiendo desde el siglo XVII.

9. The Rake
📍 S4 🏠 14a Winchester Walk SE1
Este bar cerca del Borough Market ofrece una espléndida selección de cervezas. La zona exterior del muelle es estupenda para tomar algo en verano.

10. George Inn
📍 S5 🏠 77 Borough High St SE1
La única parada de carruajes cubierta que queda en Londres es un laberinto con salones en madera y bares en la planta de arriba. Se sirve comida a todas horas. Las mesas del patio son muy agradables en verano.

Dónde comer

1. The Cinnamon Club
📍 E5 🏛 Old Westminster Library,
30-32 Great Smith St SW1
🌐 cinnamonclub.com · £££
Ubicado en la antigua biblioteca
Westminster, ahora espacio protegido,
este local de alta cocina sirve cocina
india innovadora.

2. Skylon
📍 N4 🏛 Royal Festival Hall,
Belvedere Rd, Southbank SE1
🌐 skylon-restaurant.co.uk · £££
Este restaurante, que lleva el nombre del
símbolo del Festival de Gran Bretaña de
1950, es un lugar con clase, con buenas
vistas al río y comida británica clásica.

3. Lupins
📍 S5 🏛 66 Union St SE1
🌐 lupinslondon.com · ££
Platos sabrosos hechos con
ingredientes de temporada son la
norma en este relajado local de ladrillo
visto justo bajo las vías del tren.

4. Roast
📍 G4 🏛 The Floral Hall, Stoney
St SE1 🌐 roast-restaurant.com
· £££
En medio del Borough Market *(p. 95)*,
es un restaurante bonito con vistas a
St Paul. Excelente cocina inglesa con
muy buenos ingredientes.

**Exterior del Swan, situado
en el Globe Theatre**

5. The Archduke
📍 N5 🏛 153 Concert Hall Approach SE1
🌐 blackandbluerestaurants.com · ££
Ubicado en una preciosa arcada de tren
reconvertida, este restaurante sirve
filetes, hamburguesas y cócteles. Abre
todos los días con conciertos de jazz.

6. 50 Kalò di Ciro Salvo
📍 M4 🏛 7 Northumberland Ave WC2
🌐 50kalo.it · ££
Esta pizzería napolitana de primera
categoría sirve bases finas y ligeras
e ingredientes de buena calidad.

7. Pizarro
📍 H5 🏛 194 Bermondsey St SE1
🌐 josepizarro.com · £££
Clásico restaurante español con una
carta pequeña a base de carnes ibéricas.

8. Oxo Tower Restaurant, Bar and Brasserie
📍 P4 Oxo Tower Wharf SE1
🌐 oxotowerrestaurant.com · £££
Deliciosos platos modernos y jazz
en vivo y un menú más barato en la
Brasserie.

9. Swan at the Globe
📍 R4 🏛 21 New Globe Walk SE1
🌐 swanlondon.co.uk · ££
Al lado de Globe, con una espléndida
vista de St Paul y con una creativa carta.

10. fish!
📍 S4 🏛 Cathedral St, Borough Market
SE1 🌐 fishboroughmarket.com · ££
Innovadores platos de pescado
servidos en restaurantes modernos y
con estilo. Pescado fresco y ambiente
animado.

SOHO Y EL WEST END

El West End es una mezcla ecléctica de teatro, ocio en directo, vida nocturna, restaurantes de primera y compras. La gente acude en masa a los teatros de Shaftesbury Avenue y Charing Cross Road y a los glamurosos cines de Leicester Square. El ambiente del corazón del Soho es una gran atracción, sus *boutiques* y bares gay bullen de actividad cuando avanza la noche. Con un inconfundible toque oriental, Chinatown presume de restaurantes. Pero no todo es vida nocturna: Trafalgar Square presume de ser el epicentro turístico de Londres, un buen lugar de partida para visitar la ciudad y sede de la National Gallery, la National Portrait Gallery y St Martin-in-the-Fields, donde se celebran unos magníficos conciertos al mediodía.

Para alojamientos en la zona, ver p. 178

Piccadilly Circus y las curvilíneas fachadas de Regent Street

1 National Gallery
Las increíbles 2.300 pinturas de esta colección *(p. 26)* recorren el arte europeo del siglo XIII al XX.

2 Piccadilly Circus
K3 W1
El arquitecto John Nash planificó este lugar como un cruce en Regent Street. Piccadilly Circus es el punto final de la ajetreada y congestionada calle Piccadilly. La estatua de Anteros, que a menudo es llamada erróneamente Eros –erigida en recuerdo del conde de Shaftesbury–, es una referencia ineludible para los londinenses y un lugar de encuentro muy común. Piccadilly Circus es también muy conocido por sus anuncios de neón y las multitudes que lo ocupan siempre. En el lado sur está el Criterion Theatre, junto a Lillywhites, una popular tienda de deportes de Londres.

3 National Portrait Gallery
L3 St Martin's Place WC2 10.30-18.00 diario (hasta 21.00 vi y sá) npg.org.uk
Abierta de nuevo tras una remodelación, la National Portrait Gallery recorre la historia de los personajes más famosos de Gran Bretaña a través de sus retratos. Como parte de los cambios, toda la colección se ha redistribuido, se ha otorgado una mayor importancia a figuras e historias menos conocidas y se han añadido más piezas del inmenso archivo fotográfico del museo.

4 Chinatown
L3 Calles alrededor de Gerrard St W1 chinatown.co.uk
Los arcos chinos de Gerrard Street señalan la entrada a Chinatown, donde viven residentes chinos desde la década de 1960. Hay supermercados chinos, tiendas de regalos y restaurantes baratos. El Año Nuevo Chino, entre finales de enero y mediados de febrero, se celebra con petardos y un gran desfile.

1 Imprescindible *p. 99*
1 Dónde comer *p. 105*
1 Compras *p. 102*
1 *Pubs* y cafés *p. 104*
1 Locales nocturnos *p. 103*

Fuente en el centro de Trafalgar Square

5 The Photographers' Gallery

📍 J2 🏠 16–18 Ramilies St W1 🕐 10.00–18.00 lu-sá (hasta 20.00 ju y vi) 🌐 thephotographersgallery.org.uk 🔗

Tres plantas para exposiciones donde se exhiben obras de talentos emergentes globales y artistas establecidos, así como de los archivos del museo. También se ofrecen charlas, talleres y cursos con regularidad.

6 Old Compton Street

📍 L2

La calle principal del Soho está siempre animada, día y noche. Es también el centro de la comunidad LGTBIQ+ y sede de *pubs* gays, como el Compton de Soho y el Admiral Duncan. Los antiguos establecimientos, como el de *delicatessen* italianas I Camisa & Son (*p. 102*), o el Vintage House, dan al barrio su apariencia de pueblo.

7 Trafalgar Square

📍 L4 🏠 WC2

Trafalgar Square es el eje principal de West End y un espacio público para concentraciones y espectáculos. El almirante lord Nelson, famoso por luchar contra la flota napoleónica en la batalla de Trafalgar (1805), mira desde lo alto de su columna de 50 metros hacia Whitehall y el Parlamento. Sito en la esquina noroeste de la plaza, Fourth

LGBTQ+ SOHO

El Soho es, sin duda, el corazón de la comunidad LGTBIQ+. Tiene sus raíces en el siglo XX, cuando los miembros de la comunidad se reunían en secreto en los *pubs* de la zona. En la actualidad, hay multitud de bares y discotecas LGTBIQ+, como Ku Bar y Comptons of Soho, que atestiguan la popularidad de la zona.

Plinth presenta trabajos artísticos temporales de destacados artistas nacionales e internacionales. En el lado norte de la plaza está la National Gallery (*p. 26*) y hacia el este se halla St Martin-in-the-Fields (*p. 56*); hacia el suroeste, por el Admiralty Arch, se llega a The Mall y, finalmente, Buckingham Palace (*p. 32*).

8 Mercado de Berwick Street

📍 K3 🕐 10.00-18.00 lu-sá

Este mercado existe desde el siglo XVIII. A los tradicionales puestos de frutas y verduras se han unido puestos de excelente comida callejera. Berwick Street también es conocida por sus tiendas de discos, con Reckless Records en el n.º 30 y Sister Ray en el n.º 75.

9 Soho Square
K2

Esta agradable plaza, cruzada por caminos rodeados de macizos de flores, está muy concurrida a mediodía, después del trabajo y los fines de semana, con un ambiente relajado, especialmente en verano. Muchos de los edificios de la plaza están en la actualidad ocupados por compañías cinematográficas. En el lado norte hay una iglesia protestante construida por los franceses en 1893 gracias a un fuero otorgado por Eduardo VI en 1550. La iglesia católica de St Patrick, italianizante y con su fachada de ladrillo, en el lado este, data de 1792. En la esquina de Greek Street está la House of St Barnabas, propiedad de una fundación caritativa del siglo XVIII, que a veces celebra eventos culturales.

10 Leicester Square
L3 Leicester Sq W1

Esta plaza fue erigida en la década de 1670. De entre las celebridades que tuvieron aquí su residencia en los siglos XVII y XVIII destacan *sir* Isaac Newton y los pintores Joshua Reynolds y William Hogarth. Hoy la plaza es el corazón del West End de Londres y alberga los cines Empire y Odeon, de estilo *art déco*. También hay una caseta llamada "TKTS" al sur de la plaza donde se pueden adquirir entradas de teatro a precios reducidos.

La Shakespeare Fountain en Leicester Square

UN DÍA EN EL WEST END

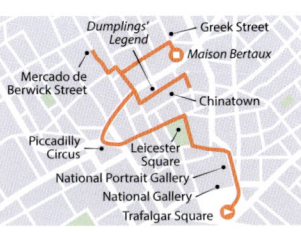

Mañana

Comienza el día en **Trafalgar Square** *(p. 100)* a las 8.30, cuando se encienden las fuentes y se puede ver lo último en arte en el Fourth Plinth. Pasa el día en la **National Gallery** *(p. 26)*, o limita la visita a una hora o dos.

Para el café, dirígete hacia el Audrey Green Café en la planta baja de la **National Portrait Gallery** *(p. 99)*. Después de ver el museo, sube por Charing Cross Road hasta llegar a **Leicester Square.** Puedes seguir hacia las brillantes luces de **Piccadilly Circus** *(p. 99)* y ver la Shaftesbury Memorial Fountain; camina después por Shaftesbury Avenue, centro de los teatros de la ciudad. Aquí se puede girar hacia **Chinatown** *(p. 99)*, con sus coloridas tiendas y restaurantes.

Es obligatorio comer en Chinatown y disfrutar de una *xiao long bao* (sopa de albóndigas) en **Dumplings' Legend** *(15-16 Gerrard St)*, o de esponjosos bollos rellenos *bao* en Baozilnn, en la cercana Romilly Street.

Tarde

Pasa la tarde en el colorido y animado Soho. Compra fruta fresca en un puesto del **mercado de Berwick Street,** después da un paseo por Wardour Street, y súmate al ping-pong gratuito en Soho Square. Date un capricho con un té y un pedazo de pastel en la deliciosa **Maison Bertaux** *(p. 104)*, en Greek Street.

Compras

1. Hamleys
📍 J3 🏠 188-196 Regent St W1
Vale la pena visitar la mayor juguetería de Londres para ver sus fabulosos escaparates y fachada.

2. I Camisa & Son
📍 K3 🏠 61 Old Compton St W1
Tienda de exquisiteces italianas fundada en 1929, llena hasta el techo de una sobrecogedora selección de comida italiana.

3. Foyles
📍 L2 🏠 107 Charing Cross Rd WC2
En una calle de librerías, esta abuela del gremio es una verdadera institución. Acoge eventos literarios y musicales.

4. Dover Street Market
📍 J4 🏠 18-22 Haymarket SW1
Moda de vanguardia en un local que ofrece ropa de marcas como Comme des Garçons, así como artículos para el hogar.

5. Milroy's of Soho
📍 L2 🏠 3 Greek St W1
El especialista en *whisky* de West End tiene un bar para probar sus maltas.

6. Waterstones Piccadilly
📍 K4 🏠 203-206 Piccadilly W1
La sucursal de Picadilly de esta cadena de librerías, ubicada en un edificio *art déco* de seis plantas y con más de

200.000 libros, es la librería más grande de Europa. También organiza eventos y tiene cafetería y coctelería.

7. Liberty
📍 J2 🏠 210-220 Regent St W1
Uno de los almacenes más atractivos de Londres. Abierto en 1875, la tienda es famosa por sus telas Liberty Print.

8. Lina Stores
📍 K3 🏠 18 Brewer St W1
Toma el nombre de la genovesa que la fundó, una tienda familiar de *delicatessen* que lleva funcionando en esta dirección desde 1944. Importan productos italianos de excelente calidad y la pasta fresca se hace en el local cada día.

9. Algerian Coffee Stores
📍 K3 🏠 52 Old Compton St W1
Abrió sus puertas en 1887 y es uno de los establecimientos más antiguos del Soho. Desprende un maravilloso aroma de más de 80 tipos de café. También pueden comprarse aquí más de 120 tipos de tés especiales e infusiones.

10. Goldsboro Books
📍 L3 🏠 23-27 Cecil Court WC2
Veterana librería independiente especializada en primeras ediciones firmadas, tanto de ficción como de no ficción.

Elegante interior de los grandes almacenes Liberty

Locales nocturnos

1. PizzaExpress Jazz Club
⧉ K2 ⧉ 10 Dean St W1
⧉ pizzaexpresslive.com
La sucursal del Soho de PizzaExpress
programa música cada tarde, con
actuaciones nocturnas viernes y
sábados desde las 22.00.

2. 100 Wardour Street
⧉ K3 ⧉ 100 Wardour St W1
⧉ 100wardourst.com
Restaurante que sirve comida de
calidad. Hay música en directo y DJ de
jueves a sábado, cuando el restaurante
abre hasta las 3.00. También cuenta
con un salón y un bar.

3. Soho Theatre Bar
⧉ K2 ⧉ 21 Dean St W1
⧉ sohotheatre.com
Este bullicioso local en el popular club
de teatro y comedia está abierto hasta
las 23.00 los fines de semana (hasta la
1.00 para miembros y para quienes
tienen entrada para una actuación).

4. Ronnie Scott's
⧉ L2 ⧉ 47 Frith St W1
⧉ ronniescotts.co.uk
Abierto en 1959 por el saxofonista
Ronnie Scott en un pequeño sótano,
este club de jazz de primer nivel tiene
actuaciones cada noche.

5. Balans No. 60
⧉ L2 ⧉ 60 Old Compton St W1
⧉ balans.co.uk
Este restaurante abre de miércoles a
sábado hasta las 5.00, por lo que es
buena opción para una hamburguesa
tardía o una última copa.

6. Disrepute
⧉ K3 ⧉ 4 Kingly Court W1
⧉ disrepute.co.uk
Coctelería en un sótano, con luz tenue
y ambiente de la década de 1960. En
teoría es solo para socios, pero suele
aceptar a otras personas y abre todas
las noches hasta las 3.00.

Actuación de una banda en directo
en The Crazy Coqs

7. The Crazy Coqs
⧉ K3 ⧉ 20 Sherwood St W1
⧉ brasseriezedel.com
El escenario de música de estilo
parisino de la Brasserie Zédel ofrece
monólogos, música y magia, así como
cabaret nocturno.

8. Cahoots
⧉ K3 ⧉ 13 Kingly Court W1
⧉ cahoots-london.com
Con una temática de una estación de
metro de la década de 1940, este bar
en un sótano ofrece música en directo,
principalmente temas antiguos. Hay que
reservar con antelación.

9. Thirst Bar Soho
⧉ L2 ⧉ 53 Greek St W1
⧉ thirstbar.com
Repartido en dos pisos, ofrece una gran
carta de cócteles junto con horas felices
como su "Stupid Hour". En la planta baja
hay DJ y pista de baile, y se mantiene
abierto hasta las 3.00 de lunes a sábado.

10. El Camion
⧉ K3 ⧉ 25–27 Brewer St W1
⧉ elcamion.co.uk
Los noctámbulos van al bar El Camion,
que sirve comida mexicana hasta las
2.30. La coctelería Pink Chihuahua, que
se encuentra abajo, permanece abierta
hasta las 3.00 de lunes a sábado.

Pubs y cafés

El emblemático *pub* Dog and Duck, en un edificio protegido

1. Dog and Duck
🅟 L2 🏠 18 Bateman St W1
🅦 nicholsonspubs.co.uk

El revestimiento de caoba, las paredes alicatadas y los espejos ornamentados hacen de este diminuto *pub* un rincón de la época victoriana. George Orwell celebró aquí el éxito de *Rebelión en la granja* y el comedor de la planta de arriba lleva su nombre.

2. Maison Bertaux
🅟 L2 🏠 28 Greek St W1
🅦 maisonbertaux.com

Este pequeño rincón de París en el corazón del Soho atrae a una clientela fiel, a la que le encanta su contundente pastelería.

3. French House
🅟 L3 🏠 49 Dean St W1
🅦 frenchhousesoho.com

Este *pub* del Soho, un pequeño establecimiento con una barra, fue el lugar predilecto del artista Francis Bacon (1909-1992).

4. Bar Italia
🅟 L2 🏠 22 Frith St W1
🅦 baritaliasoho.co.uk

En la barra o en la terraza se disfruta el ambiente del Soho al tiempo que se disfruta de un clásico café italiano. En una pantalla gigante situada en el bar se pueden ver los partidos de fútbol italiano.

5. My Place Soho
🅟 K2 🏠 21 Berwick St W1
🅦 myplacesoho.com

Este espacio íntimo y acogedor tiene comida a buen precio y es muy apreciado y frecuentado por londinenses y forasteros. Aquí hay café de primera, cócteles y una carta diversa y excelente.

6. The Admiral Duncan
🅟 K3 🏠 54 Old Compton St W1
🅦 admiral-duncan.co.uk

Este bar de Old Compton Street es uno de los muchos que hay en esta animada zona con clientela LGTBIQ+.

7. The Breakfast Club
🅟 K2 🏠 33 D'Arblay St W1
🅦 thebreakfastclubcafes.com

Excelente rincón para tomar el desayuno. Tiene 10 locales en Londres. Su especialidad es el *disco hash*.

8. John Snow
🅟 K3 🏠 39 Broadwich St W1
🅒 020 7437 1344

Este evocador *pub* victoriano, siempre lleno, cuenta con unos acogedores y muy característicos reservados.

9. The Cork and Bottle
🅟 L3 🏠 44-46 Cranbourn St WC2
🅦 thecorkandbottle.co.uk

Su vinoteca del sótano es reconocida por los expertos por su excelente carta de vinos y su magnífico menú.

10. The Coach and Horses
🅟 L3 🏠 29 Greek St W1
🅦 coachandhorsessoho.pub

Asociado desde hace tiempo a escritores y periodistas, este *pub* clásico del Soho acoge en ocasiones bulliciosas *cockney singalongs*.

Dónde comer

1. The Seafood Bar
📍 K2 🏠 77 Dean St
🌐 theseafoodbar.com · ££

Este luminoso restaurante tiene un ambiente tranquilo y hace honor a su nombre con una carta rica en mariscos, que incluye una deliciosa y generosa parrillada mixta.

2. Hoppers
📍 L2 🏠 49 Frith St W1
🌐 hopperslondon.com · ££

Este atractivo y auténtico restaurante esrilanqués es muy frecuentado gracias a sus curris para chuparse los dedos, acompañados con arroz o *hoppers* (tortitas de lentejas).

3. Burger and Lobster Soho
📍 K2 🏠 36–38 Dean St W1
🌐 burgerandlobster.com · £££

Ofrece suculentas hamburguesas perfectamente hechas y jugosas langostas al vapor, asadas en carbón o en rollos con mayonesa de limón. El servicio es rápido, acogedor y refinado.

4. BAO
📍 K3 🏠 53 Lexington St W1
🌐 baolondon.com · £

Los suaves y esponjosos bollos al vapor al estilo taiwanés son el plato preferido en este *diner* del Soho. Hay que probar el *bao* de cerdo confitado.

5. Imad's Syrian Kitchen
📍 K3 🏠 Top floor, Kingly Ct W1
🌐 imadssyriankitchen.co.uk · ££

Variedad de *meze* y platos principales en este restaurante íntimo repleto de frescos sabores de Oriente Próximo. No hay que perderse el *babaganous* ahumado (salsa de berenjena).

6. Yauatcha
📍 K2 🏠 15–17 Broadwich St W1
🌐 yauatcha.com · £££

Hay que reservar en este premiado local de *dim sum* para disfrutar de sus vieiras *shu mai* al vapor o el venado en hojaldre.

7. J Sheekey
📍 L3 🏠 28–32 St Martin's Court WC2 🌐 j-sheekey.co.uk · £££

El mejor pescado de Londres en un entorno encantador, con platos como guiso de pescado de Cornualles.

8. Kricket
📍 K3 🏠 12 Denman St W1
🌐 kricket.co.uk · ££

Este ajetreado restaurante de dos plantas sirve imaginativos platos indios para compartir.

9. Busaba Eathai
📍 K2 🏠 106-110 Wardour St W1
🌐 busaba.com · ££

Restaurante tailandés de confianza que sirve un delicioso *pad thai*.

10. Barrafina
📍 K2 🏠 26–27 Dean St W1
🌐 barrafina.co.uk · ££

Estiloso restaurante español que ofrece tapas de gran calidad en la barra. Los clientes pueden sentarse y ver a los cocineros en acción en su cocina abierta. Es muy popular por lo que puede haber cola.

Terraza exterior de la famosa marisquería J Sheekey

COVENT GARDEN

Covent Garden, una de las plazas más distintivas y animadas de Londres, es un lugar muy popular entre los visitantes y los londinenses. El corazón de Covent Garden está en la primera plaza planificada de la ciudad: fue diseñada por Inigo Jones en el siglo XVII y se completó con la Royal Opera House, aunque ahora es conocida sobre todo por su mercado cubierto de 1833. Por lo general muestra un ambiente familiar, con turistas reunidos en varios puntos de la plaza, atentos a la actuación de artistas callejeros. Mientras esta Piazza es famosa por sus tiendas de lujo, las cercanas Neal Street y Neal's Yard tienen *boutiques* independientes. Hacia el sur de Covent Garden, siguiendo el río, está Somerset House, sede de la Courtauld Gallery; acoge también conciertos en verano y pista de patinaje sobre hielo en invierno.

Para alojamientos en la zona, ver p. 179

1 Somerset House
🚇 N3 🏛 Strand WC2 🕐 8.00–23.00 diario (exposiciones: 12.00–20.00 mi-vi, 11.00–18.00 sá-ma) 🌐 somersethouse.org.uk

Antiguamente un palacio junto al río, la neoclásica Somerset House es conocida como sede de la Courtauld Gallery (p. 52). Buena parte del resto del edificio es de acceso gratuito; destacan las Embankment Galleries, con exposiciones variadas.

2 La Piazza y Central Market
🚇 M3 🏛 WC2

Covent Garden fue, durante 300 años, un mercado de frutas, verduras y flores, inmortalizado por Lerner y Loewe en su exitoso musical *My Fair Lady*. En la década de 1970 el mercado se trasladó y

La animada Piazza y el Central Market de Covent Garden

los salones victorianos, con sus techos de hierro y cristal, se convirtieron en una zona comercial, rodeada de cafés y animada por espectáculos callejeros.

3 Royal Opera House
🚇 M2 🏛 Bow St WC2 🕐 Desde 12.00 diario; consultar la web para horarios de visitas guiadas 🌐 roh.org.uk 🎫🍴

El principal palacio de música de Londres es la sede de las compañías Royal Opera y Royal Ballet. El actual teatro neoclásico fue diseñado en 1858 por E. M. Barry, que recicló en el pórtico un friso del antiguo edificio, destruido en un incendio. La Opera House se ha extendido en la década de 1990 hasta incorporar el encantador pabellón floral victoriano de hierro forjado y vidrio y alberga un restaurante y una champanería.

4 Seven Dials Market
🚇 L2 🏛 Earlham St WC2 🕐 11.00–22.00 lu y ma, 11.00–23.00 mi-sá, 11.00–21.00 do 🌐 sevendialsmarket.com

Este espacio gastronómico, en un antiguo almacén de plátanos del siglo XIX decorado con gusto, es la introducción perfecta a las últimas tendencias culinarias de la ciudad. Una fila de puestos de comida y vino en el piso superior y vendedores de comida callejera en el atrio ofrecen platos de todo el mundo.

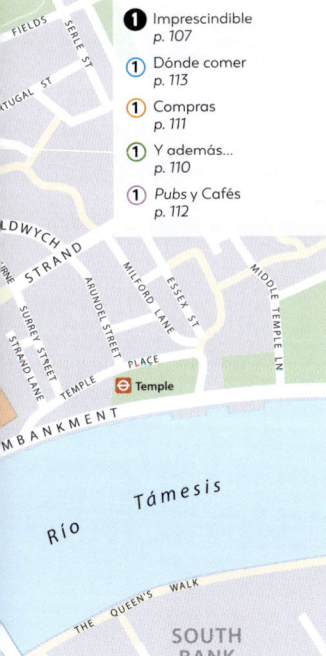

① Imprescindible
p. 107

① Dónde comer
p. 113

① Compras
p. 111

① Y además...
p. 110

① *Pubs* y Cafés
p. 112

5 Seven Dials
🚇 L2 🏛 WC2 🌐 sevendials.co.uk

También conocido como el *pueblo oculto de Covent Garden*, el extraño trazado de esta calle fue creado por el parlamentario Thomas Neale (1641-1699) para incrementar las rentas, que se cobraban según el tamaño de la fachada más que por su espacio interior. El reloj de sol en el monumento central solo tiene seis caras. La siete calles que lo forman tienen tiendas, oficinas, restaurantes y teatros.

6 Floral Street
🚇 M3 🏛 Floral St WC2

Esta calle adoquinada cuenta con algunas de las mejores tiendas de la zona, incluidas las de los diseñadores británicos Ted Baker y Paul Smith. El Floral Court, al lado, con multitud de vegetación y en el que hay un *deli* y restaurantes, además de la tienda de los elegantes viveros Petersham Nurseries.

7 London Transport Museum
🚇 M3 🏛 Covent Garden Piazza WC2 🕐 10.00-18.00 diario
🌐 ltmuseum.co.uk 🚻

Este museo explora la historia del transporte de Londres, y de paso su sociedad y su cultura, a través de unos 500.000 objetos. Contiene vehículos que se han usado en el transporte público durante más de dos siglos. Se puede jugar a resolver problemas de ingeniería o a conducir un tren de la moderna línea Elizabeth.

EL ARQUITECTO DE COVENT GARDEN

Inigo Jones diseñó Covent Garden como la primera plaza planificada de Londres. Sus tejados bajos y el pórtico clásico de St Paul's Church recibieron la influencia del italiano Andrea Palladio. Como escenógrafo real, Jones introdujo en la escena londinense el proscenio y los escenarios móviles.

8 Neal's Yard
🚇 L2 🏛 Neal St WC2

Esta encantadora y pintoresca zona está llena de colorido, con sus galerías y fachadas pintadas, las terrazas repletas de flores y las enredaderas descolgándose sobre las paredes de ladrillo. Fue el Londres alternativo de cafés con comida integral, pero en la actualidad se ha renovado con restaurantes y bares. Se puede visitar Neal's Yard Remedies y probar sus jabones y cremas, o Neal's Yard Dairy, a la vuelta de la esquina, en Shorts Gardens, para catar quesos británicos. Homeslice sirve *pizzas* y St John Bakery ricas pastas; cualquiera de las dos dará fuerzas para un par de horas de compras.

La fachada señorial de St Paul's Church en Covent Garden

9 **St Paul's Church**
⬛ M3 🏠 Bedford St WC2
🕐 8.30–17.30 lu–vi, 9.00–13.00 do
🌐 actorschurch.org

Inigo Jones levantó esta iglesia (conocida como la iglesia de los actores) con el pórtico principal hacia el este, hacia la Piazza, y el altar hacia el oeste. Los eclesiásticos protestaron por este arreglo tan poco ortodoxo, de modo que el altar fue trasladado. La entrada se hace a través del jardín, mientras que la gran puerta este se ha convertido casi en un adorno.

10 **Theatre Royal Drury Lane**
⬛ M2 🏠 Catherine St WC2 ⬛ Para visitas guiadas 🌐 thelane.co.uk 📷

Drury Lane es sinónimo de teatro inglés. Tiene una espléndida entrada, con una escalinata que conduce a la platea. El teatro ha albergado algunos de los espectáculos musicales más complejos. Cuenta con un café en el jardín y una coctelería, ambos abiertos al público durante el día. El primer teatro en este lugar fue construido en 1663 para Carlos II, cuya amante, Nell Gwynne, era actriz.

Sala del London Transport Museum

UN DÍA EN COVENT GARDEN

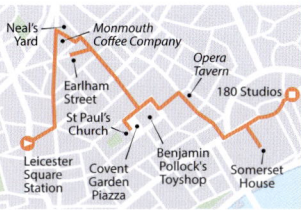

Mañana

Toma el metro hasta Leicester Square y dirígete hacia Monmouth Street, donde el delicioso aroma del café lleva a la **Monmouth Coffee Company** (p. 112), que vende cafés y pasteles. Continúa por Monmouth Street hasta llegar a la entrada de **Neal's Yard,** donde se puede comprar jabón natural en Yard Remedies. Merece la pena el queso de Neal's Yard Dairy, y explorar las tiendas de Earlham Street. En la **Piazza de Covent Garden** (p. 107) puedes asistir a alguno de los espectáculos callejeros frente a la elegante **St Paul's Church,** erigida por Inigo Jones. Visita la iglesia antes de ir a comer al restaurante **Opera Tavern** (p. 113).

Tarde

En la Piazza, entra en **Benjamin Pollock's Toyshop** (p. 111), y baja por Wellington Street hasta el Strand. Cruza la calle y gira a la izquierda, hasta llegar a la **Somerset House** (p. 107), un edificio neoclásico palaciego que alberga numerosas instituciones. Detente en el café junto a las fuentes. A continuación, visita la colección de la Courtauld Gallery (p. 52) y pasa después por las Embankment Galleries. Después sal de Somerset House y continúa por el tramo peatonalizado del Strand hacia **180 Studios** (180 Strand; entrada por Surrey Street), un espacio de galerías de arte, estudios y oficinas.

Y además...

1. Bow Street Police Museum
📍 M2 🏠 28 Bow St WC2 🌐 bow
streetpolicemuseum.org.uk ↗

Este pequeño museo está dedicado a
la historia de los Bow Street Runners, la
primera fuerza policial en Londres.

2. Donmar Warehouse
📍 L2 🏠 41 Earlham St WC2
🌐 donmarwarehouse.com

Este teatro de 251 butacas produce
espectáculos. Además de obras nuevas,
también representa por lo menos un
clásico por temporada.

3. Visitas a la Royal Opera House
Las visitas guiadas entre bambalinas
del teatro de la ópera (p. 107) se
reservan online.

4. London Coliseum
📍 L3 🏠 St Martin's Lane WC2
🌐 eno.org

Inaugurada en 1904, la sede de la
English National Opera mantiene aún
su sabor eduardiano.

5. Cleopatra's Needle
📍 M4 🏠 Victoria Embankment WC2

Este obelisco de granito se erigió en
Heliópolis alrededor del 1450 a. C.,
y fue llevado a Londres en 1878. Sus
inscripciones y jeroglíficos documentan
los logros de los faraones del antiguo
Egipto.

6. Cruceros por el río
📍 M4 🏠 Embankment WC2

Embankment Pier es el punto de
embarque de diferentes viajes, desde
cruceros con restaurante hasta recorridos que llegan a Greenwich y más allá.

7. Victoria Embankment Gardens
📍 M4 🌐 WC2

En verano se celebran conciertos al aire
libre en estos jardines junto al río.

8. Freemasons' Hall
📍 M2 🏠 60 Great Queen St WC2
🌐 ugle.org.uk ↗

Este grandioso edificio art déco es la sede
de la masonería inglesa. Se puede visitar
y además tiene un museo.

9. St Mary-le-Strand
📍 N3 🏠 Strand WC2
🌐 stmarylestrand.com

Esta agradable iglesia, al final del
tranquilo y peatonalizado este del
Strand, se consagró en 1724. Fue el
primer edificio público obra de James
Gibbs. El interior está ricamente
decorado en blanco y oro.

10. Benjamin Franklin House
📍 M4 🏠 36 Craven St WC2 ↗

La única casa que queda de este padre
fundador de EE. UU. (p. 70) ofrece una
panorámica de su vida y sus logros.

Parterre de flores en los bonitos Victoria Embankment Gardens

Las coloridas fachadas que rodean Neal's Yard Remedies

Compras

1. The Tintin Shop
📍 M3 🏠 34 Floral St WC2
Vende de todo, desde llaveros y muñecos hasta maquetas de edición limitada; a los fans de Tintín les encantará la tienda.

2. Whisky Exchange
📍 M3 🏠 2 Bedford St WC2
Sus dos plantas están repletas de licores de todo el mundo. Hay también una buena selección de vino y champán.

3. Neal's Yard Remedies
📍 L2 🏠 15 Neal's Yard WC2
Esta tienda, ubicada en el bonito Neal's Yard (p. 108), vende remedios, maquillaje y artículos de aseo, todo hecho con ingredientes naturales, desde hace más de 40 años.

4. Stanfords
📍 L2 🏠 7 Mercer Walk WC2
Esta tienda es el paraíso del viajero: un inmenso catálogo de guías de viajes, libros, mapas, juegos y regalos. También tiene una pequeña cafetería.

5. St Martin's Courtyard
📍 L3 🏠 WC2
Este destino comercial y gastronómico de Londres es un enclave urbano elegante y encantador, con mesas al aire libre y tiendas de renombre.

6. FOPP
📍 L2 🏠 1 Earlham St WC2
Tres plantas con vinilos, DVD, libros, CD y otros formatos que se niegan a morir, a veces a precio de ganga: un paraíso para nostálgicos. Además, alberga eventos y actuaciones en directo de artistas y músicos.

7. Penhaligon's
📍 M3 🏠 41 Wellington St WC2
Abierta desde 1870, esta excéntrica perfumería británica mantiene un impresionante repertorio de perfumes y accesorios para señora y caballero. Sus velas de lujo son perfectas para un regalo elegante.

8. BOW WOW London
📍 L2 🏠 36 Earlham St WC2
Esta boutique para perros está marcando una nueva pauta para el perro elegante en la ciudad y tiene los artículos para su mascota de los mejores diseñadores.

9. Neal's Yard Dairy
📍 L2 🏠 17 Shorts Gardens WC2
El olfato guía hasta esta tienda de quesos, que selecciona sus productos entre pequeños queseros artesanos de Irlanda y Gran Bretaña. En Navidad la cola llega hasta la calle.

10. Benjamin Pollock's Toyshop
📍 M3 🏠 44 The Market WC2
Una de las jugueterías más antiguas de Londres, Pollock's sigue siendo el lugar al que acudir en busca de regalos educativos, creativos y teatrales, además de juguetes tradicionales y evocadores como marionetas y cajas de música.

Pubs y cafés

1. Ladurée
⚑ M3 ⌂ 1 The Market WC2
Este salón de té estilo parisino es famoso por sus *macarons*, pero también sirve otros dulces y pastas asombrosos, además de champán.

2. WatchHouse
⚑ N3 ⌂ Somerset House East Wing WC2
Una cervecería artesana de Somerset House famosa por servir delicias cafeteras además de dulces, platos pequeños y *brunches* durante todo el día.

3. FREVD
⚑ L2 ⌂ 198 Shaftesbury Ave WC2
Este pequeño sótano atrae por las tardes a multitud de artistas con su variedad de cafés, cócteles y cervezas embotelladas.

4. Grind
⚑ M3 ⌂ 42 Maiden Lane
El grupo Grind ofrece café de primera, zumos frescos y un menú *brunch*. También sirve cócteles y vinos.

5. The Lamb & Flag
⚑ M3 ⌂ 33 Rose St WC2
Este *pub* tradicional es uno de los más antiguos y populares de West End, y era frecuentado por Charles Dickens. Los días de diario se pueden degustar a mediodía estupendos asados.

6. La Gelateria
⚑ L3 ⌂ 27 New Row WC2
Esta acogedora heladería artesana en el ecléctico New Row está entre lo mejor de la ciudad. El helado de miel picante, romero y ralladura de naranja es tan bueno como cualquiera de las fabulosas creaciones con chocolate. El café también es bueno.

7. Monmouth Coffee Company
⚑ L2 ⌂ 27 Monmouth St WC2
Uno de los mejores lugares de la ciudad para comprar y probar buen

Mesitas junto a los ventanales de Grind

café. La tienda vende café en grano y molido, además de filtros de papel, conos cerámicos y otros accesorios. También hay una preciosa cafetería que sirve deliciosos pasteles franceses.

8. Lowlander Grand Café
⚑ M2 ⌂ 36 Drury Lane WC2
Establecimiento muy popular que ofrece cerveza belga, cocina europea y un ambiente relajado y acogedor.

9. The Porterhouse
⚑ M3 ⌂ 21–22 Maiden Lane WC2
Este *pub* ofrece excelentes cervezas, buen ambiente y barras en más de tres niveles.

10. Gordon's Wine Bar
⚑ M4 ⌂ 47 Villiers St WC2
La bodega más antigua de Londres, de ambiente evocador iluminado con velas, donde excelentes *sherries*, vinos y oportos se sirven acompañados de abundantes platos de queso.

Dónde comer

PRECIOS
Una comida de tres platos, con media botella de vino (o equivalente), servicio e impuestos incluidos.
....
£ hasta 30 £ · ££ 30-60 £ · £££ más de 60 £

1. The Ivy
📍 L2 🏠 1–5 West St WC2 🌐 the-ivy.co.uk · £££
Fue en su momento el restaurante más *fashion* de Londres y ahora es como una gran dama de Covent Garden. La comida estilo *brasserie* es todavía deliciosa y es obligado reservar.

2. The Barbary
📍 L2 🏠 16 Neal's Yard, WC2 🌐 thebarbary.co.uk · ££
Desde la barra de este galardonado restaurante se ve trabajar a los cocineros. Los platos de la carta combinan influencias de Oriente Próximo y el norte de África.

3. Mon Plaisir
📍 L2 🏠 19–21 Monmouth St WC2 🌐 monplaisir.co.uk · £££
Uno de los restaurantes franceses más antiguos de Londres. Tiene cuatro salones, cada uno de diferente tamaño y ambiente. Las especialidades del día mantienen la carta actualizada. El menú del día y los previos al teatro son más económicos.

4. Rock and Sole Plaice
📍 M2 🏠 47 Endell St WC2 🌐 rochandsoleplaice.com · £
Fundado en 1870, sirve un excelente *fish and chips* tradicional.

5. The Delaunay
📍 N2 🏠 55 Aldwych WC2 🌐 thedelaunay.com · £££
Abierto desde la mañana hasta la noche siete días a la semana, este elegante restaurante ofrece un amplio menú a la carta inspirado en los grandes cafés de Europa. También se puede tomar desayuno o *brunch*.

6. Cora Pearl
📍 M3 🏠 30 Henrietta St WC2 🌐 corapearl.co.uk · £££
Este moderno restaurante británico con bonito interior y luces *vintage* es una gran opción en Covent Garden. El menú preteatro tiene buen precio.

7. Chick 'n' Sours
📍 L2 🏠 1a Earlham St WC2 🌐 chicknsours.co.uk · £
Un lugar famoso por su pollo frito, cócteles y animada música.

8. Opera Tavern
📍 M3 🏠 23 Catherine St WC2 🌐 saltyardgroup.co.uk · ££
Taberna con excelentes tapas españolas e italianas, acompañadas de estupendos vinos.

9. Rules
📍 M3 🏠 35 Maiden Lane WC2 🌐 rules.co.uk · £££
El restaurante más antiguo de Londres es famoso desde 1798 por su carne de caza, sus pasteles y sus ostras.

10. Souk
📍 L2 🏠 27 Litchfield St WC2 🌐 soukrestaurant.co.uk · ££
Desde el té de menta hasta los tajines y la danza del vientre, este lugar sabe a Marrakech.

The Delaunay, un restaurante y café europeo

*Desde arriba, siguiendo
las agujas del reloj*
**Restaurante en el
interior del Paul
Hamlyn Hall;
intrincado relieve de
Covent Garden;
fachada de la Royal
Opera House**

BLOOMSBURY Y FITZROVIA

Con un apacible ambiente literario, jurista y estudiantil, este barrio es considerado por algunos como el corazón intelectual de Londres. Está dominado por dos instituciones destacadas, el British Museum y la University of London, y reforzado por el cercano Colegio de Abogados. Es una zona de elegantes plazas y fachadas georgianas, de bibliotecas, librerías y editoriales. La novelista más conocida del grupo de Bloomsbury, Virginia Woolf, vivió aquí durante las primeras décadas del siglo XX. La fama de Fitzrovia como lugar de perversión se extendió a partir de los personajes famosos que iban a la Fiztroy Tavern, como el poeta Dylan Thomas (1914-1953) y el pintor Augustus John (1878-1961).

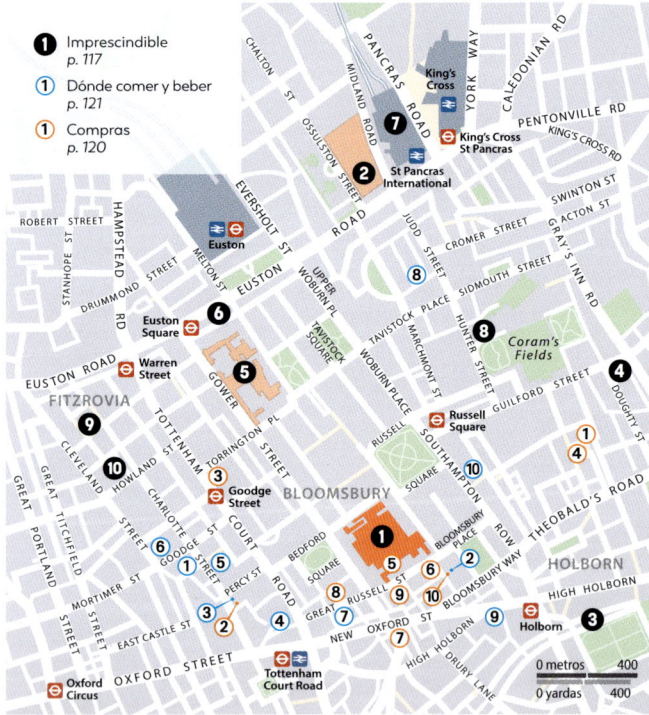

- **1** Imprescindible
  p. 117
- **1** Dónde comer y beber
  p. 121
- **1** Compras
  p. 120

Para alojamientos en la zona, ver p. 179

1 British Museum

El museo público nacional más antiguo del mundo, con una variada colección de obras que abarcan toda la historia de la humanidad (p. 22).

2 British Library

E2 96 Euston Rd NW1 9.30–20.00 lu-ju, 9.30-18.00 vi, 9.30-17.00 sá, 11.00-17.00 do bl.uk

La Biblioteca Británica, repartida entre sus sedes de Yorkshire y Londres, alberga todas las publicaciones de Gran Bretaña e Irlanda, así como muchas ediciones históricas del resto del mundo. Los "lectores" tienen acceso gratuito (deben registrarse previamente para obtener un pase), pero los visitantes pueden disfrutar del espacio y las exposiciones temporales y la exposición permanente, en la Treasures Gallery, que muestra dos de las cuatro ediciones existentes de la Carta Magna (1215), una Biblia de Gutenberg (1455), el primer folio de Shakespeare (1623) y muchos manuscritos miniados de asombrosa belleza. Las paredes de cristal en el centro del edificio dejan ver los enormes volúmenes de piel de la Biblioteca del Rey, donada por Jorge III. Hay un café y un restaurante y se celebran frecuentes conferencias y eventos.

Esculturas y exposiciones del Sir John Soane's Museum

3 Sir John Soane's Museum

N1 13 Lincoln's Inn Fields WC2 10.00-17.00 mi-do 1 semana en enero soane.org

Un curioso placer en este museo es mirar la cara de los visitantes cuando doblan una esquina y se encuentran con otra maravilla inesperada. *Sir* John Soane, uno de los principales arquitectos británicos del siglo XIX, llenó tres casas vecinas con antigüedades y diversos tesoros dispuestos del modo más ingenioso. La cripta del sótano, que diseñó para simular las catacumbas romanas, es particularmente original. Destaca la serie de ocho pinturas de Hogarth llamada *The Rake's Progress* (1753). Hay visita guiada todos los días a las 12.00 y visitas gratuitas de las dependencias privadas de la planta superior a las 14.00. Las casas están en el lado norte de Lincoln's Inn Fields, el corazón del Londres jurídico. Lincoln's Inn, parte del siglo XV, es uno de los colegios de abogados mejor conservados.

Entrada a la reconocida British Library

Interior victoriano del Charles Dickens Museum

4 Charles Dickens Museum
📍 F2 🏠 48 Doughty St WC1
🕐 10.00-17.00 mi-do 🌐 dichens museum.com ♿

Este museo fue la casa de Charles Dickens desde 1837 hasta 1839 y aquí escribió parte de sus mejores obras, como *Oliver Twist*, *Nicholas Nickleby* o *Los papeles póstumos del Club Pickwick*. Ofrece una fascinante visión de la vida y la época del gran escritor victoriano. Las habitaciones permanecen como debieron de ser en tiempos de Dickens. Los cercanos Doughty Mews sugieren también un regreso a la época victoriana.

5 University College London
📍 E2 🏠 Gower St WC1
🕐 Museos: 13.00-17.00 ma-vi, 11.00-17.00 sá 🌐 ucl.ac.uh/culture

El UCL, fundado en 1826, es una de las universidades multidisciplinares más importantes del mundo y tiene varias colecciones fascinantes de relevancia internacional, como el Petrie Museum of Egyptian Archaeology y el Grant Museum of Zoology. Este último alberga 68.000 especímenes –esqueletos, taxidermia, insectos y otras criaturas preservadas en frascos–. en lo que resulta una mirada evocadora a la ciencia del siglo XIX.

6 Wellcome Collection
📍 E2 🏠 183 Euston Rd NW1
🕐 10.00-18.00 ma-do (hasta 20.00 ju) 🌐 wellcomecollection.org

Sede de la colección médica del hombre de negocios y filántropo *sir* Henry Wellcome (1853-1936), fundador de una de las compañías farmacéuticas más importantes del mundo, este museo explora las conexiones entre la medicina, la vida y el arte y acoge regularmente exposiciones temporales. Alberga una sala de lectura de bonito diseño en la que los visitantes pueden quedarse a leer. Hay también un café y una buena librería.

7 St Pancras International Station
📍 E1 🏠 Euston Rd NW1

Estación gótica victoriana de 1868 diseñada por *sir* George Gilbert Scott. Los trenes Eurostar salen de aquí,

EL GRUPO DE BLOOMSBURY

El grupo de Bloomsbury fue un conjunto de escritores, artistas e intelectuales que vivieron en Bloomsbury y alrededores a principios del siglo XX. Con una actitud moderna hacia el feminismo y la política, se reunían en la casa de las hermanas Stephen, Virginia, que se convirtió luego en Virginia Woolf, y Vanessa, conocida después como Vanessa Bell.

Pasajeros en la St Pancras International Station

aunque en realidad la fachada corresponde en su mayor parte al St Pancras Renaissance Hotel.

8 Foundling Museum

E2 40 Brunswick Sq WC1
10.00–17.00 ma-sá, 11.00–17.00 do
foundlingmuseum.org.uk

El Foundling Hospital, fundado en 1739 por Thomas Coram, proporcionaba refugio a niños abandonados hasta que cerró en 1954. Los originales interiores del hospital se exponen en el museo, que también cuenta las historias de los miles de niños que atendieron. Se exponen también pinturas donadas por artistas de los siglos XVIII y XIX, además de otras obras contemporáneas.

9 Fitzroy Square

D2 Fitzroy Sq W1

Gran parte de esta plaza, terminada en 1798, fue diseñada por el arquitecto escocés Robert Adam. Entre sus muchos residentes se encuentran el primer ministro victoriano lord Salisbury, que vivió en el n.º 21, así como el dramaturgo George Bernard Shaw y la novelista Virginia Woolf.

10 BT Tower

D2

Con sus 190 metros de altura, este es el edificio más alto de Londres. En el pasado un centro de telecomunicaciones, actualmente se está convirtiendo en un hotel.

UN DÍA EN BLOOMSBURY Y FITZROVIA

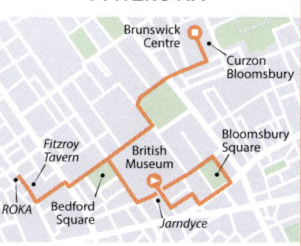

Mañana

Llega al **British Museum** (p. 22) a las 10.00 para disfrutar de la Great Court con tranquilidad. Contempla la cúpula de cristal de Norman Foster mientras tomas un café. No olvides admirar los bajorrelieves asirios antes de salir.

Curiosea las tiendas de libros antiguos y de grabados, como **Jarndyce** (p. 120), en Great Russell y en las calles junto al museo. Girando por Little Russell Street puede verse la bonita iglesia de St George. Si das la vuelta a la **Bloomsbury Square** puedes ver los nombres del grupo literario de Bloomsbury y sus retratos. Después continúa hacia Bedford Square, con sus casas georgianas. Cruza Tottenham Court Road hasta llegar a Charlotte Street.

Tarde

Contempla las fotos de figuras literarias como Dylan Thomas en la **Fitzroy Tavern** (p. 121), en el 16 de Charlotte Street, mientras tomas un aperitivo. Prueba la barbacoa japonesa de **ROKA** (p. 121) un poco más lejos en Charlotte Street.

Después de comer dirígete hacia el **Brunswick Centre** (1 Byng Place) para hacer algunas compras, desde comida hasta moda. Luego puedes ir al cine **Curzon Bloomsbury** (Brunswick Centre) o cenar en uno de los numerosos restaurantes del complejo.

La elegante fachada de la London Review Bookshop

Compras

1. La Fromagerie
📍 F2 🏠 52 Lamb's Conduit St WC1
En la Cheese Room se puede obtener el Beaufort Chalet d'Alpage, el queso marca de la casa de La Fromagerie.

2. Hobgoblin Music
📍 K1 🏠 24 Rathbone Place WC1
Si se busca una flauta china, una mandolina, un tambor irlandés o cualquier otro instrumento del folklore, hay que ir a buscarlo a esta fascinante tienda que tiene piezas de todo el mundo.

3. Heals
📍 E2 🏠 196 Tottenham Court Rd W1
La tienda líder en mobiliario es un escaparate del mejor diseño británico. Cuenta con un excelente café.

4. Maggie Owen
📍 F2 🏠 13 Rugby St WC1
Este antiguo diario en el corazón de Bloomsbury vende joyas contemporáneas y elegantes y accesorios de toda Europa.

5. Tienda del British Museum
📍 L1 🏠 22 Great Russell St WC1
Se pueden encontrar exquisitas cerámicas y piezas de joyería. Desde unos pendientes que imitan el estilo egipcio, hasta artesanía moderna.

6. Contemporary Ceramics
📍 L1 🏠 63 Great Russell St WC1
Un notable museo que exhibe lo mejor de la cerámica contemporánea, especialmente obras de ceramistas británicos.

7. James Smith & Sons
📍 L1 🏠 53 New Oxford St WC1
Establecido en 1830, James Smith & Sons es una tienda preciosa que satisface todas las necesidades en cuanto a paraguas, parasoles y bastones.

8. L. Cornelissen & Son
📍 M1 🏠 105 Great Russell St WC1
Los estantes de madera de esta tienda de materiales de arte están abarrotados de frascos de cristal que contienen pigmentos.

9. Jarndyce
📍 L1 🏠 46 Great Russell St WC1
Tienda de libros antiguos especializada en literatura británica de los siglos XVIII y XIX.

10. London Review Bookshop
📍 M1 🏠 14–16 Bury Place WC1
Abierto por la revista literaria *The London Review of Books*, esta tienda es la favorita de los lectores por su personal informado y la riqueza de sus fondos. También alberga lecturas de una amplia gama de autores.

Dónde comer y beber

1. ROKA

K1 · 37 Charlotte St W1
rokarestaurant.com · £££

La cocina japonesa *robatayaki* consiste en cocinar muy lento en brochetas sobre carbón. En ROKA esto se hace en una parrilla central a la vista de los clientes.

2. Truckles of Pied Bull Yard

M1 · Salida desde Bury Place WC1
davy.co.uk · ££

Este bar de vinos cobra vida en verano, cuando la terraza se llena de gente tomando una copa de rosado o de Pimm's en unos cómodos sofás.

3. The House of Hô

K1 · 1 Percy St W1
houseofho.co.uk · ££

Emplazado en una encantadora casa georgiana decorada en estilo moderno, este restaurante panasiático sirve comida tradicional con un toque contemporáneo. Hay que probar un cuenco de *pho* (sopa de fideos vietnamita).

4. Hakkasan

K1 · 8 Hanway Place W1
hakkasan.com · £££

Su ubicación puede que no sea recomendable, pero este restaurante chino con estrellas Michelin y bar de cócteles es estupendo.

5. Fitzroy Tavern

K1 · 16 Charlotte St W1
fitzroytavern.co.uk · ££

Este espléndido *pub* restaurado fue en otro tiempo lugar predilecto de celebridades londinenses como George Orwell, Dylan Thomas o Tommy Cooper.

6. Salt Yard

K1 · 54 Goodge St W1
saltyardgroup.co.uk · ££

Salt Yard sirve tapas españolas modernas de primera. Su carta diversa abarca desde cochinillo con alubias hasta calamar a la brasa.

PRECIOS
Una comida de tres platos, con media botella de vino (o equivalente), servicio e impuestos incluidos.

£ hasta 30 £ ££ 30-60 £ £££ más de 60 £

7. Dalloway Terrace

L1 · 16-22 Great Russell St WC1
dallowayterrace.com · ££

Merece la pena el *brunch* del sábado o el té del la tarde en la terraza de este jardín secreto (calefacción en invierno).

8. Norfolk Arms

E2 · 28 Leigh St WC1
norfolkarms.co.uk · £

Este *gastropub* sirve comida de influencia mediterránea, tanto a la carta como en tapas. Muy frecuentado.

9. Princess Louise

M1 · 208 High Holborn WC1
020 7405 8816

Pub victoriano muy bien restaurado, con particiones de caoba tallada para separar las zonas donde se bebe.

10. Cosmoba

E2 · 9 Cosmo Place WC1
cosmoba.co.uk · ££

Este restaurante familiar tiene un amplio menú compuesto de platos italianos.

Elegante interior del Princess Louise, en un edificio protegido

MAYFAIR Y ST JAMES'S

Estos distritos son el hogar de la gente más pudiente de Londres. Muchas de las tiendas se establecieron aquí para atender a la corte. Piccadilly –llamado así por los divertidos collares (*picadils*) que se vendían aquí en el siglo XVII– divide St James's, hacia el sur, y Mayfair, hacia el norte, donde las tiendas continúan por Bond Street, Cork Street y Savile Row hasta Oxford Street. La Royal Academy of Arts se estableció aquí en 1868 y la zona conserva su reputación como destino preferente para los amantes del arte, con algunas de las galerías más importantes.

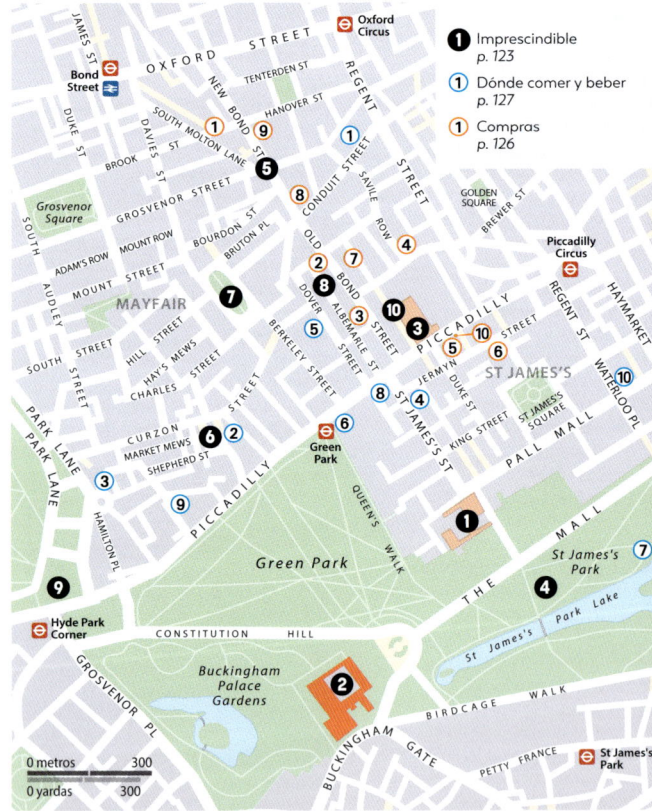

Para alojamientos en la zona, ver p. 179

St James's Park, famoso por sus parterres de flores

1 St James's Park

🅰 K5–L5 🏠 SW1 🕐 5.00–24.00 diario

Este parque es sin duda el parque más elegante de Londres, con sus deslumbrantes parterres de flores y su excelente vista desde St James's Café junto al lago *(p. 127)*. El puente sobre el lago tiene inmejorables vistas de Buckingham Palace, y, hacia el este, de las azoteas de Whitehall.

2 Buckingham Palace

Este palacio *(p. 32)*, construido originalmente en el siglo XVIII para el primer duque de Buckingham, es la residencia principal de la familia real, con 775 habitaciones y el mayor jardín privado de Londres.

3 Royal Academy of Arts

🅰 I4 🏠 Burlington House, Piccadilly W1 🕐 10.00–18.00 ma–do (hasta 21.00 vi) 🌐 royalacademy.org.uk 🔗

Las mejores exposiciones temporales se ven en la Royal Academy, sede de la institución británica más prestigiosa dedicada a las bellas artes. Alberga una de las más destacadas colecciones de arte británico, distribuida en dos edificios italianizantes. Entre las obras que se exponen están *La virgen con el niño y el pequeño san Juan*, de Miguel Ángel, conocida como *Taddei Tondo*, o

El castillo Dolbadarn, de J. M. W. Turner, lúgubre y evocador. En la popular muestra que celebra la Academia cada verano *(p. 86)* se exponen hasta 1.500 nuevas obras de autores conocidos y desconocidos.

4 St James's Palace

🅰 K5 🏠 The Mall SW1 🔒 Al público

Construido en el reinado de Enrique VIII, en el lugar que ocupaba el antiguo hospital de St James. La puerta principal tiene el ladrillo rojo característico de la época Tudor.

5 Bond Street

🅰 J3–J4

Es la calle de tiendas más exclusiva de Londres (cuya parte norte se conoce como New Bond Street y la parte sur como Old Bond Street). Desde hace mucho tiempo ha sido el lugar de entretenimiento de la alta sociedad, muchos establecimientos tienen más de 100 años. La calle acoge lo mejor en casas de moda, elegantes galerías, como Halcyon, la sala de subastas Sotheby's, y joyerías como Tiffany o Cartier. En la confluencia de Old y New Bond Street hay una preciosa escultura de Franklin D. Roosevelt y Winston Churchill en un banco, ambos líderes políticos durante la Segunda Guerra Mundial.

HANDEL EN MAYFAIR

George Frideric Handel llegó a Londres desde Alemania en 1710 para poner en escena sus óperas en los prestigiosos escenarios de la capital. Fue nombrado compositor de la Capilla Real en 1723, momento en que se mudó a Mayfair. Vivió allí hasta que murió en 1759. Al final de su vida había compuesto 31 óperas para las audiencias londinenses.

6 Shepherd Market
D4

Esta plaza debe su nombre a Edward Shepherd, que desarrolló la zona de 1735 a 1746. En la actualidad, esta zona peatonal en el corazón de Mayfair, entre Picadilly y Curzon Street, es un buen lugar para pasear durante las tardes estivales y tomar algo o cenar. El *pub* más interesante es Ye Grapes *(p. 127)*, fundado en 1882; y de los restaurantes destacan Titu, Misto e

Iran. Hasta la década de 1760 se celebraba aquí una feria en mayo (May Fair), de donde procede su nombre.

7 Berkeley Square
D4

Esta zona verde en mitad de Mayfair se plantó en 1789 y sus 30 enormes plátanos acaso sean los más antiguos de Londres. Entre sus residentes famosos están Robert Clive (conocido como Clive de la India), que de niño vivió en el n.º 45, y Winston Churchill, que vivió en el n.º 48. Los bancos conmemorativos de la plaza tienen inscripciones, muchas de los soldados americanos que se alojaron en Mayfair durante la Segunda Guerra Mundial. Fue la base en Londres de Bertie Wooster y Jeeves, personajes del P. G. Wodehouse.

8 Royal Institution
J3 21 Albemarle St W1
Museo: 9.00-17.00 lu-vi
rigb.org

La Royal Institution se fundó en 1799 para estimular los descubrimientos científicos. Su miembro más influyente fue Michael Faraday (1791-1867), pionero de la tecnología eléctrica. Las tres plantas del Faraday Museum analizan la ciencia, y lo más destacado es el laboratorio magnético de 1850.

Elegante decoración de la Waterloo Gallery, en Apsley House

9 Apsley House

🔲 D4 🏠 149 Piccadilly, Hyde Park Corner W1 🕐 11.00-17.00 mi-do; (ene-mar: solo sá y do) 🔲

Diseñada originalmente por Robert Adam en la década de 1770, el duque de Wellington, su residente más famoso, la reformó y amplió en 1819. Hoy alberga las pinturas y recuerdos del militar británico, cuyos descendientes siguen ocupando parte de la casa. Entre sus pinturas se encuentra *El aguador de Sevilla* de Diego Velázquez. La estatua de Napoleón desnudo, de Antonio Canova, es especialmente llamativa.

10 Burlington Arcade

🔲 J4 🏠 51 Piccadilly W1 🕐 8.00-19.00 lu-vi, 9.00-19.00 sá, 11.00-18.00 do

Esta galería en la que se apiñan las joyerías fue construida en 1819 para la casa de lord George Cavendish de Burlington House (p. 123) para impedir que arrojaran basura a su jardín. La arcada de tiendas de lujo está vigilada por bedeles que supervisan a los visitantes.

Pequeños restaurantes y cafés en Shepherd Market

UN DÍA EN ST JAMES'S

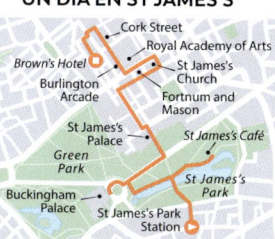

Mañana

Desde la estación de metro St James's Park camina por Queen Anne's Gate viendo las encantadoras casas del siglo XVIII. Cruzando la avenida en la esquina, en Birdcage Walk, llegas a **St James's Park** *(p. 123)*. En el café junto al lago, **St James's Café** *(p. 127)*, puedes tomar un café, admirar las flores y ver a los pelícanos, antes de dirigirte a **Buckingham Palace** *(p. 32)* para ver el cambio de guardia. Después de esta ceremonia, llega hasta The Mall, pasando por **St James's Palace** *(p. 123)* hasta llegar a St James's Street. Gira por Jermyn Street para echar un vistazo a las tiendas como Hawes & Curtis para la moda clásica, la perfumería Floris y la tienda de queso Paxton y Whitfield. Camina por la **St James's Church,** por la salida norte hacia Piccadilly. Dirígete hacia el oeste por Piccadilly y haz una pausa para mirar libros en Hatchards *(p. 126)*, antes de llegar a Fortnum & Mason.

Tarde

Fortnum & Mason *(p. 126)* es un lugar perfecto para comer en uno de los restaurantes, donde la opción más barata es caviar con cava. Cruza Piccadilly hacia la **Royal Academy of Arts** *(p. 123)* para disfrutar de la colección permanente, que incluye el *Taddei Tondo*, de Miguel Ángel. Después puedes contemplar los escaparates de la Burlington Arcade y pasar luego a las galerías de **Cork Street** *(p. 126)*. Gira por Bond Street y dirígete al **Brown's Hotel** *(p. 179)* para tomar un té.

Fachada de la famosa casa de subastas Sotheby's

Compras

1. Browns
📍 D3 🏠 39 Brook St W1
Estos grandes almacenes albergan las casas más famosas de ropa: Burberry, Balenciaga, Alexander McQueen y Valentino, entre otros.

2. Asprey
📍 J3 🏠 36 Bruton W1
La familia real británica compra aquí joyas desde hace al menos un siglo. También pueden encontrarse otros objetos de lujo, como jarrones exquisitos, bolsos y regalos de plata.

3. Charbonnel et Walker
📍 J4 🏠 1 The Royal Arcade, 28 Old Bond St W1
Es una de las mejores chocolaterías de la ciudad y ofrece una tentadora variedad de dulces caseros. Se pueden elegir hasta completar una de las preciosas cajas.

4. Gieves and Hawkes
📍 J3 🏠 1 Savile Row W1
Esta tienda es una de las más conocidas en una calle en la que abundan los sastres. Venden delicadas camisas y trajes desde 1785. También hay ropa de confección industrial.

5. Fortnum & Mason
📍 K4 🏠 181 Piccadilly W1
Estas elegantes galerías comerciales, famosas por sus restaurantes, todavía mantienen a sus empleados vistiendo los típicos *coat tails*. Se puede probar alguno de los extravagantes helados en el restaurante Parlour o disfrutar del té de la tarde.

6. Paxton & Whitfield
📍 K4 🏠 93 Jermyn St SW1
Una de las queserías más antiguas del país, con anaqueles repletos de deliciosos quesos para elegir.

7. Galerías de Cork Street
📍 J3
Cork Street es famosa por sus galerías de arte. Se pueden contemplar o comprar obras de los mejores artistas y además tienen lugar importantes exposiciones.

8. Sotheby's
📍 J3 🏠 34–35 New Bond St W1
Hay mucho que ver en esta casa de apuestas fundada en 1744: desde recuerdos de las estrellas pop hasta pinturas de los grandes maestros.

9. Fenwick
📍 J3 🏠 63 New Bond St W1
Unos pequeños grandes almacenes, marcas de diseñadores, accesorios y lencería cara.

10. Hatchards
📍 K4 🏠 187 Piccadilly W1
Establecida en 1797 y ahora bajo la propiedad de Waterstones, esta librería afirma ser la más antigua de Reino Unido y es suministradora oficial de libros para el rey.

Dónde comer y beber

1. Sketch
📍 J3 🏠 9 Conduit St W1
🌐 sketch.london · £££
En este entorno artístico se puede encontrar genio culinario en Sketch. The Gallery es informal y exhibe obras del artista británico Yinka Shonibare, mientras que Lecture Room, con tres estrellas Michelin, atrae a famosos y gente a la última.

2. Ye Grapes
📍 D4 🏠 16 Shepherd Market W1
🌐 yegrapesmayfair.co.uk · £
Este alegre *pub* se abre a la calle en los días soleados. En su carta incluye clásicos tailandeses.

3. Galvin at Windows
📍 D4 🏠 22 Park Lane W1 🌐 galvin atwindows.com · £££
Este restaurante en lo alto del Hilton cuenta con unas impresionantes vistas y utiliza magníficos ingredientes británicos.

4. Cafe Murano
📍 J4 🏠 33 St James's St SW1
🌐 cafemurano.co.uk · £££
Los platos de pasta destacan por su frescura y sabor en el italiano informal pero clásico de Angela Hartnett.

5. The Dover
📍 J4 🏠 33 Dover St W1 🌐 thedover restaurant.com · £££
Local de estilo neoyorquino de la década de 1970 con deliciosos platos Italuame ricanos para una cena glamurosa.

6. The Ritz
📍 J4 🏠 150 Piccadilly W1 🌐 theritz london.com · £££
Aquí se toma el té más elegante de la ciudad, al son de piano y arpa.

7. St James's Café
📍 L5 🏠 St James's Park SW1 🌐 royal parks.org.uk · £
Este café sirve desayunos y platos contundentes en el entorno de

St James's Park, con el parque a la vista a través de sus grandes ventanales.

8. The Wolseley
📍 J4 🏠 60 Piccadilly W1
🌐 thewolseley.com · £££
El interior *art déco* confiere a esta famosa *brasserie* un aire de *glamour* y elegancia. Reservar con antelación, sobre todo para la cena.

9. El Pirata
📍 D4 🏠 5-6 Down St W1 ⏰ do y lu
🌐 elpirata.co.uk · ££
Animado, informal y tentador restaurante de tapas que destaca por sus platos clásicos españoles.

10. Wild Honey
📍 K4 🏠 8 Pall Mall W1 🌐 wildhoney stjames.co.uk · £££
Restaurante de diseño moderno y con una estrella Michelin, su cocina europea ofrece maravillosos platos y los mejores productos de temporada. Está en el Sofitel Hotel.

Comedor del Sketch, en el interior de la artística Lecture Room

KENSINGTON Y KNIGHTSBRIDGE

Este es el corazón del Londres pudiente y culto. Los turistas acaudalados acuden aquí a comprar, con Harrods como centro. La gente también acude en masa a Kensington Palace, cuyo lugar en la historia estuvo entrelazado con la vida de la princesa Diana. Los grandes museos victorianos de South Kensington atraen multitudes. Algunos de los mejores anticuarios se pueden encontrar en Kensington Church Street, pero para encontrar algo mejor hay que probar en Portobello Road, un lugar animado los sábados.

1 Imprescindible p. 129

1 Dónde comer p. 135

1 Compras p. 133

1 Y además... p. 132

1 Pubs y cafés p. 134

Para alojamientos en la zona, ver p. 180

1 Natural History Museum
Un museo *(p. 28)* dedicado a explorar en detalle el mundo natural, desde los terremotos hasta las ballenas azules.

2 Science Museum
Los logros científicos expuestos en este museo *(p. 30)* son verdaderamente estimulantes.

3 Kensington Palace
📍 A4 🏠 Kensington Palace Gardens W8 🕐 10.00-16.00 mi-do (abr-oct: hasta 18.00) 🌐 hrp.org.uk 🔗
Este precioso palacio que aún utilizan los miembros de la familia real era la residencia de la princesa Diana de Gales y

Los bonitos Kensington Palace Gardens en primavera

en él vivió también la princesa Margarita. Las exposiciones ofrecen una visión de la vida pública y privada de algunos de los residentes más importante del palacio. Dentro de los grandes salones de Estado construidos para el rey Guillermo y la reina María destaca la Kings Gallery, con excelentes pinturas de la colección real.

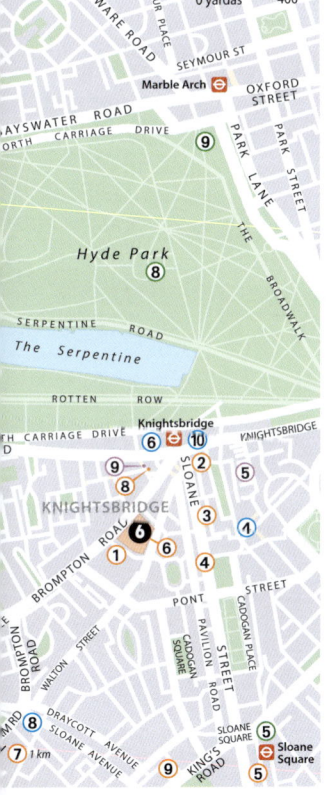

4 Victoria and Albert Museum
📍 B5-C5 🏠 Cromwell Rd SW7 🕐 10.00-17.45 diario (hasta 22.00 vi) 🌐 vam.ac.uk
Este museo, cuyo nombre remite a la adorada pareja real, alberga una infinidad de tesoros, y es conocido popularmente como V&A. Hay arte de todos los rincones del mundo, desde la antigua China hasta el arte contemporáneo de África. En total hay 11 km de exposición. Las Britain Galleries muestran más de 3.000 objetos que ilustran sobre el arte y diseño británico de 1500 a 1900. Destaca The Great Bed of Ware (1590), mencionada en *Noche de reyes*, de Shakespeare.

5 Albert Memorial
📍 B4 🏠 Kensington Gardens SW7
Este monumento, erigido en honor del amado esposo de la reina Victoria, el príncipe Alberto, es un digno recuerdo del hombre que desempeñó un papel fundamental en el establecimiento de los museos del sur de Kensington. Está situado enfrente del Royal Albert Hall y fue diseñado por George Gilbert Scott; se concluyó en 1876. En sus cuatro esquinas hay estatuas que representan cuatro continentes: Europa, Asia, África y América.

6 Harrods
 C5 87-135 Brompton Rd SW1
 harrods.com/en-gb

Ni mochilas ni vaqueros… El personal de Harrods se asegura de que hasta los clientes vistan con gusto. Este emporio comenzó su andadura en 1849 como una pequeña e impecable tiendecita. El actual edificio de terracota fue construido en 1905 y aparece en todo su esplendor por la noche, cuando se ilumina con 12.000 bombillas. La tienda tiene más de 300 departamentos y no deben obviarse los restaurantes, maravillosamente decorados, con comida de pícnic y deliciosas especialidades.

7 Royal Albert Hall
 B5 Kensington Gore SW7
 Para espectáculos y visitas guiadas royalalberthall.com

Cuando la reina Victoria puso la primera piedra de The Hall of Arts and Sciences, a todo el mundo le resultó extraño que pusiera las palabras Royal Albert antes del nombre; pero en la actualidad el edificio se conoce como el Albert Hall. Es un enorme edificio, casi circular, diseñado como un antiguo anfiteatro romano y con 5.000 asientos. Aquí se celebran representaciones circenses, de baile, deportes y acontecimientos musicales. Es la sede de la Royal Orchestra y de los conciertos estivales Sir Henry Wood Promenade Concerts, familiarmente conocidos como los Proms (p. 86).

8 Holland Park
 A4-A5 Ilchester Place W8

Holland Park tiene muchos encantos. Los jardines cerrados están dispuestos como las habitaciones de una casa al aire libre. En el centro está Holland House, una preciosa mansión jacobina que fue en gran parte destruida en un bombardeo en 1941. Lo que queda de ella se usa para bodas y como escenario para conciertos estivales. Los pavos reales deambulan por las arboledas y los jardines, incluido el Kyoto Garden, que tiene una cascada y un estanque de carpas.

EL PRÍNCIPE ALBERTO

La reina Victoria y su primo el príncipe Alberto de Sajonia-Coburgo-Gotha tenían ambos 20 años cuando se casaron en 1840. Él era un victoriano, en todos los sentidos, y su interés por las artes y las ciencias desembocó en la fundación de las grandes instituciones del sur de Kensington. Murió con 41 años y la reina le lloró el resto de su vida. Tuvieron nueve hijos.

La pintoresca Portobello Road con sus casas de colores

9 Portobello Road

📍 A3–A4

Portobello Road, que cruza el centro del modernísimo Notting Hill, es un magnífico lugar para pasar el rato por su gran ambiente. El mercado de antigüedades de los sábados es lo más destacado, pero hay otros mercadillos que se celebran en días diferentes, empezando por el que comienza justo al otro lado de Westbourne Grove, con frutas y verduras, salchichas, pan y quesos, además de música, ropa y baratijas. Bajo el puente del tren de Portobello Green tiene lugar un mercadillo de ropa nueva y vieja (viernes y sábados), además de puestos de comida.

10 Leighton House

📍 A5 🏠 12 Holland Park Rd W14
🕐 10.00–17.30 mi–lu ♿

En la extraordinaria Leighton House se pueden encontrar todos los motivos de la estética victoriana. El edificio fue diseñado en 1860 por lord Leighton y su amigo George Aitchison. El lugar de mayor interés es el Arab Hall, con una fuente y una cúpula dorada. Algunos óleos de la colección son del propio Leighton, como *La muerte de Brunelleschi* (1852). También están representados otros artistas, como Tintoretto o John Everett Millais.

Estatua del príncipe Alberto, frente al Royal Albert Hall

UN DÍA EN KENSINGTON

Mañana

Desde la estación de metro South Kensington sigue las señales hasta el **Victoria and Albert Museum** (*p. 129*). Visita las galerías medievales y renacentistas. Tómate una café en la cafetería del museo, adornada con elementos victorianos originales. Luego, sigue por Old Brompton Road hasta el **Brompton Oratory** (*p. 57*); echa un vistazo al suntuoso e italianizante interior, con sus 12 apóstoles en mármol.

Cruza y gira a la derecha hacia **Beauchamp Place,** donde tiendas como Caroline Charles y Lalage Beaumont muestran creaciones de diseñadores británicos. Baja hacia Pont Street y gira a la izquierda por Sloane Street, para ver Hermès, Chanel y Dolce & Gabbana antes de subir por la izquierda por Brompton Road hacia **Harrods.**

Tiene una gran oferta de bares y restaurantes, entre ellos el Garden Terrace y el Harrods Tea Rooms en la planta cuarta.

Tarde

A cinco minutos en dirección norte, desde Harrods, está **Hyde Park** (*p. 58*), donde puedes pasear en el lado norte del lago Serpentine. Hacia **Kensington Palace** (*p. 129*) pasa por la famosa estatua de *Peter Pan*, de J. M. Barrie, y por Round Pond. Al oeste se puede explorar el palacio y, después, el Sunken Garden, enfrente, donde **The Kensington Palace Pavillion** (*p. 134*) ofrece el tradicional té de la tarde.

Y además...

1. Queens Ice and Bowl
📍 A3 🏠 17 Queens way W2
🕐 Los horarios varían, consultar la página web 🌐 queens.london 🔗
Tiene una pista de patinaje sobre hielo todo el año, además de bolos.

2. Holland Park Opera
📍 A4-A5 🏠 Ilchester Pl W8
🌐 operahollandpark.com 🔗
Su teatro al aire libre acoge la temporada de verano de ópera, con el telón de fondo de Holland House.

3. Serpentine Galleries
📍 B4, C4 🏠 Kensington Gardens W2
🕐 10.00-18.00 ma-do y festivos
🌐 serpentinegalleries.org
En la esquina este de los jardines de Kensington, alberga exposiciones temporales de arte contemporáneo.

4. Royal Geographical Society
📍 B4 🏠 1 Kensington Gore
🕐 10.00-17.00 lu-vi 🌐 rgs.org
Esta sociedad de eruditos fundada en 1830 alberga exposiciones de mapas, fotografías y mucho más.

5. Royal Court Theatre
📍 C5 🏠 Sloane Sq SW1
🌐 royalcourttheatre.com
Desde la década de 1960 este teatro ha destacado por apoyar a dramaturgos nuevos y emergentes.

6. Electric Cinema
📍 A3 🏠 191 Portobello Rd W11
🌐 electriccinema.co.uk
El cine más antiguo de Londres, y también uno de los más bonitos. Ofrece asientos de lujo, incluidos sofás y camas dobles.

7. Royal College of Music
📍 B5 🏠 Prince Consort Rd SW7
🕐 Museo: 10.15-17.45 ma-vi, 11.00-18.00 sá y do 🌐 rcm.ac.uk
Este hermoso edificio decimonónico alberga la principal escuela musical de Reino Unido y un excelente museo. Durante el periodo lectivo hay semanalmente visitas guiadas por alumnos.

8. The LookOut
📍 C4 🏠 Hyde Park W2
Este espacio ecológico, creado en torno al principio de sostenibilidad, invita a conectar con la naturaleza.

9. Speakers' Corner
📍 C3 🏠 Hyde Park W2
Esta esquina de Hyde Park atrae a oradores, especialmente los domingos.

10. Design Museum
📍 A5 🏠 224-238 Kensington High St W8 🕐 Los horarios varían, consultar la página web
🌐 designmuseum.org 🔗
Espectacular edificio que muestra el mejor diseño contemporáneo en arquitectura, muebles y moda.

El bonito edificio de ladrillo rojo del Royal College of Music

Compras

1. Rigby & Peller
📍 C5 🏠 2 Hans Rd SW3
Famosa por su ropa interior de alta calidad, bañadores, corsetería y su excelente servicio de sujetadores a medida. Entre su impresionante clientela se encuentran, entre otras, Lady Gaga, Gwyneth Paltrow y las princesas Beatriz y Eugenia.

2. Harvey Nichols
📍 C4 🏠 109-125 Knightsbridge SW1
Este es otro de los destacados almacenes del centro de Londres. Cuenta con seis plantas de moda, belleza y colecciones de hogar, así como una planta dedicada a comida de la mejor calidad.

3. Burberry
📍 C4 🏠 1 Sloane St SW1
Esta marca icónica, que lleva en el mercado desde 1856, vende aquí sus últimos artículos de colección de temporada, así como sus atemporales gabardinas y maletas.

4. Sloane Street
📍 C4-C5
Una deslumbrante concentración de tiendas de lujo y diseñadores se extiende por toda esta calle, al sur de los enormes almacenes Harvey Nichols.

5. Artisan du Chocolat
📍 C6 🏠 89 Lower Sloane St SW1
Combinando sentido artístico y artesanía de un modo extraordinario, esta tienda crea algunos de los chocolates más innovadores.

6. Harrods
El centro comercial más famoso de Londres (p. 130) está lleno de los mejores productos que se puedan comprar con dinero. Destacan aquí la comida, la moda, las vajillas de porcelana, las cristalerías y el menaje.

Escaparate de Rigby & Peller, en Hans Road

7. Designers Guild
📍 B6 🏠 267-277 King's Rd SW3
Las telas y revestimientos de paredes de Guild tienen un estilo fresco. Gran variedad de diseños.

8. Cutler and Gross
📍 C5 🏠 16 Knightsbridge Green SW1
Aquí se puede encontrar lo último en gafas y una soberbia colección de modelos clásicos.

9. John Sandoe Books
📍 C5 🏠 10 Blacklands Terrace SW3
Para los bibliófilos es una experiencia imprescindible. La librería está llena hasta los topes de una maravillosa selección de libros.

10. Ceramica Blue
🏠 10 Blenheim Crescent W11
Esta acogedora tienda de Notting Hill vende cerámica, artículos de cristal, telas y otros artículos para el hogar.

Fachada cubierta de flores del Churchill Arms, en Kensington

Pubs y cafés

1. Churchill Arms
📍 A4 🏠 119 Kensington Church St W8
Pub amplio, agradable y victoriano, lleno de misteriosos objetos y recuerdos de Churchill. En el cenador se sirve comida tailandesa barata a mediodía y la cena hasta las 21.30.

2. Montparnasse Café
📍 A5 🏠 22 Thacheray St W8
Acogedora cafetería y pastelería con auténtico sabor francés. Ofrece sándwiches, tartaletas, ensaladas y variedad de dulces; también es buena opción para desayunar.

3. Kensington Palace Pavilion
📍 A4 🏠 Kensington Palace W8
Con vistas al Sunken Garden, los restaurantes y salones de té abren para desayunos y comidas. Es el único lugar de Londres que permite disfrutar de un té dentro de un Palacio Real.

4. The Scarsdale Tavern
📍 A5 🏠 23a Edwardes Sq W8
A un par de manzanas de Kensington High Street, este popular *pub* de barrio sirve buena comida y diversas cervezas excelentes.

5. Nags Head
📍 C4 🏠 53 Kinnerton St SW1
A un corto paseo de Hyde Park esta pequeña joya sirve cerveza Adnams. Los techos bajos y los paneles de madera contribuyen al ambiente acogedor y rural. No se permiten teléfonos móviles.

6. The Castle
📍 A3 🏠 225 Portobello Rd W11
Este ajetreado *gastropub* en el mercado de Portobello es perfecto para tomar cervezas artesanas y para ver gente.

7. The Anglesea Arms
📍 B6 🏠 5 Selwood Terrace SW7
Agradable taberna tradicional con un gastado pero bonito interior en madera oscura que ofrece excelentes platos de temporada, comida clásica de *pub* y fabulosa selección de cervezas.

8. Trailer Happiness
📍 A3 🏠 177 Portobello Rd W11
Esta coctelería *kitsch* y acogedora sirve algunos de los mejores combinados con ron de la ciudad.

9. Paxtons Head
📍 C4 🏠 153 Knightsbridge SW1
Popular lugar de refrigerio, tanto para los londinenses como para los visitantes, este viejo local victoriano tiene un menú clásico de *pub*, además de cervezas inglesas (*ales*) y una carta de vinos.

10. Puestos de Portobello
📍 A3 🏠 Portobello Rd W11
Los numerosos puestos del mercado ofrecen comida étnica de todo el mundo. En Acklam Village Market hay música en directo y deliciosa comida callejera.

Dónde comer

1. Clarke's
📍 A4 🏠 124 Kensington Church St W8
🕐 do y lu 🌐 sallyclarke.com · £££
El menú consiste en lo que la cocinera decida cocinar para la cena. Sea lo que sea, resulta excelente.

2. Belvedere
📍 A4 🏠 Holland Park W8
🌐 belvedererestaurant.co.uk · £££
Encantador restaurante en Holland Park. Su buena comida europea realza el local. Desde el patio, en verano, se puede oír la ópera del teatro al aire libre del parque.

3. Kitchen W8
📍 A5 🏠 11–13 Abingdon Rd W8
🌐 hitchenw8.com · £££
Excelente mezcla de comida británica y francesa, ideal para una cena romántica.

4. Amaya
📍 C5 🏠 Halhin Arcade, Lowndes St SW1 🌐 amaya.biz · £££
Premiado con estrellas Michelin lleva a un nivel superior la cocina india. Platos como los langostinos salvajes *Tandoori* o tapas al estilo indio son degustados en un salón decorado con madera de rosal.

5. Core by Clare Smyth
📍 A3 🏠 92 Kensington Park Rd W11
🌐 corebyclaresmyth.com · £££
Este restaurante, que presta una extraordinaria atención a los detalles

PRECIOS
Una comida de tres platos, con media botella de vino (o equivalente), servicio e impuestos incluidos.
....
£ hasta 30 £ ££ 30-60 £ £££ más de 60 £

y emplea productos británicos está dirigido por la chef Clare Smyth, con tres estrellas Michelin y su equipo. Se puede escoger entre menús degustación o comer a la carta.

6. Mari Vanna
📍 C4 🏠 116 Knightsbridge SW1
🌐 marivannadeli.co.uk · ££
Cocina clásica rusa servida con estilo, en un espacio acogedor y rústico adornado con baratijas.

7. The Ledbury
📍 A3 🏠 127 Ledbury Rd W11
🌐 theledbury.com · £££
La comida del chef Brett Graham, que mezcla influencias globales con alta cocina, está llena de sabor.

8. Claude Bosi at Bibendum
📍 C5 🏠 81 Fulham Rd SW3
🌐 claudebosi.com · £££
Esta antigua fábrica de neumáticos Michelin alberga un restaurante y un bar de ostras adornado con vidrieras.

9. Ognisko
📍 B5 🏠 55 Exhibition Rd SW7
🌐 ogniskorestaurant.co.uk · ££
Exquisita cocina polaca en un comedor elegante. En las noches más cálidas se puede cenar en la terraza al aire libre.

10. Dinner by Heston Blumenthal
📍 C4 🏠 66 Knightsbridge
🌐 dinnerbyheston.co.uk · £££
Sirve imaginativos platos inspirados en los festines históricos de los Tudor. Destaca la *meat fruit* (paté con aspecto de fruta).

Elegante interior del Core by Clare Smyth

REGENT'S PARK Y MARYLEBONE

Antiguamente una aldea medieval rodeada de campos, Marylebone es hoy uno de los barrios más elegantes de la ciudad. En el siglo XIX, los grandes bloques de mansiones eran usados por médicos para atender a sus clientes ricos. La relación de Marylebone con la medicina continúa, con las discretas consultas de especialistas médicos en Harley Street. Circundado por las magníficas terrazas de John Nash está Regent's Park, donde oficinistas, niños y paseadores de perros disfrutan del césped y sus fabulosas flores.

● Imprescindible
p. 137

① Dónde comer y beber
p. 141

① Compras
p. 140

Para alojamientos en la zona, ver p. 180

1 Madame Tussauds

C2 ⌂ Marylebone Rd NW1 ○ Los horarios varían, consultar la página web ⒲ madametussauds.com

El primer museo con figuras de cera de personajes famosos es una de las principales atracciones londinenses. A bordo de un elegante taxi londinense se recorren eventos como el Gran Incendio de 1666 o el Swinging London de la década de 1960. Reservar *online* implica descuentos.

2 Zoo de Londres

C1-D1 ⌂ Regent's Park NW1 ○ 10.00-16.00 diario (abr-ago: hasta 18.00; sep, oct y mar: hasta 17.00) ⒲ londonzoo.org ◐

Ocupa la zona norte de Regent's Park. Acoge a cerca de 700 especies animales. Uno de los recintos más llamativos es el imaginativo Land of the Lions, donde los leones asiáticos habitan una recreación del bosque de Gir, rodeado por una aldea india en miniatura. Las exposiciones Rainforest Life e In with the Monkeys permiten ver criaturas adorables.

3 Wallace Collection

D3 ⌂ Manchester Sq W1 ○ 10.00-17.00 diario ⒲ wallace-collection.org

Se dice que es "la mejor colección privada jamás reunida por una sola familia", y verdaderamente es difícil no estar de acuerdo. *Sir* Richard Wallace, que donó su

Plato de cerámica expuesto en la Wallace Collection

colección al Estado en 1897, fue no solo un hombre escandalosamente rico, sino también un hombre de gustos refinados. Además de contar con varias galerías dedicadas a la delicada porcelana de Sèvres, hay una colección de obras maestras inglesas, francesas y alemanas, entre las que destaca la pintura de Frans Hals *El caballero sonriente*.

4 Regent's Park

C1-D2 ⌂ NW1 ○ 5.00-atardecer diario

La parte más atractiva de Regent's Park es el Inner Circle. Aquí están los Queen Mary's Gardens, con sus parterres y emparrados de casi 12.000 rosas, el teatro al aire libre que ofrece obras en verano y el Regent's Bar & Kitchen, uno de los cinco mejores cafés del parque. Pueden alquilarse barcas, pistas de tenis y tumbonas, y los conciertos veraniegos de los domingos tienen lugar en el templete.

Uno de los agradables senderos del Regent's Park

El famoso detective resolviendo un nuevo caso en el Sherlock Holmes Museum

5 Marylebone Cricket Club (MCC) Museum

B2 🏠 St John's Wood NW8
🕐 Los horarios varían, consultar la página web 🌐 lords.org ✎✎

El MCC, fundado en 1787, fue el órgano de gobierno del críquet a nivel mundial, y su campo, el Lord's, sigue siendo el más icónico recinto deportivo. Alberga uno de los museos deportivos más antiguos del mundo, que solo se puede recorrer en visita guiada y que lleva al visitante a la famosa Long Room y a los vestuarios. El objeto estrella de la exposición es un pequeño trofeo conocido como The Ashes.

6 Sherlock Holmes Museum

C2 🏠 221b Baker St NW1 🕐 9.30-18.00 diario 🌐 sherlock-holmes.co.uh ✎

Aunque pequeño, este museo es de visita obligada para los admiradores de Holmes. Allí pueden fotografiarse junto al gran detective, vestido con sus inconfundibles sombrero y pipa. Los puestos de policía victoriana vigilan el exterior y, en el piso de arriba, figuras de cera ponen en escena los momentos decisivos de los casos más famosos de Holmes.

7 Wigmore Hall

D3 🏠 36 Wigmore St W1
🌐 wigmore-hall.org.uh

Uno de los locales de recitales más importantes del mundo, ofrece más de 460 conciertos al año de lírica, música antigua, de cámara, y nuevos encargos, así como un programa educativo diverso. Esta sala construida en 1901 tiene fama de poseer una de las mejores acústicas del mundo.

8 Abbey Road Studios

B1 🏠 3 Abbey Rd NW8
🌐 abbeyroad.com

Estos estudios, emblema de la capital, son visita obligada para los aficionados a los Beatles, así como el cercano paso de cebra que aparece en la portada del álbum *Abbey Road* (1969). Los visitantes se hacen fotos recreando el cruce de la calle de *los cuatro*. Los estudios no están abiertos al público salvo en ocasiones especiales, pero hay una tienda de regalos para comprar recuerdos.

LONDRES Y LA REGENCIA

Regent's Park debe su nombre al príncipe regente (después Jorge IV), que contrató a John Nash en 1812 para diseñar el parque en las tierras de Marylebone Farm. Nash tuvo mano libre y el resultado es una delicia. Circundando el parque hay suntuosas casas neoclásicas, entre ellas Cumberland Terrace, que tomó el nombre del duque de Cumberland.

9 BBC Broadcasting House

D3 🏠 Portland Place W1
🌐 bbc.co.uk/showsandtours

Desde aquí se hizo la primera emisión de radio, en 1932, dos meses antes de que inaugurara oficialmente el edificio *art déco*. La modernización lo ha convertido en un centro de la era digital de la BBC Radio y BBC News TV y servicios *online*. El único modo de visitar "The Beeb", pasado el precioso vestíbulo de estilo *art déco,* es adquiriendo una entrada para determinados programas. Se han prohibido las visitas por razones de seguridad.

10 Regent's Canal

C1

John Nash quería que el canal discurriera por el centro de su nuevo Regent's Park, pero las quejas de los vecinos, a los que afectaban el maloliente canal, obligaron a desplazarlo hacia el lado norte del parque. En 1874, un cargamento de explosivos destruyó el puente North Gate junto al Zoo de Londres.

Barcazas a lo largo del Regent's Canal

UN DÍA EN MARYLEBONE

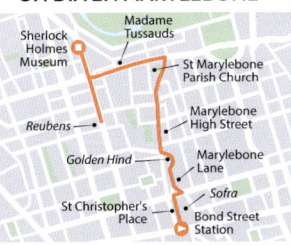

Mañana

Antes de salir reserva una entrada vespertina para **Madame Tussauds** (*p. 137*). Comienza en la estación de **metro de Bond Street,** saliendo hacia Oxford Street. Enfrente está **St Christopher's Place,** una calle estrecha con tiendas encantadoras que se abre hacia una plaza peatonal. Toma un café en una de las mesas de la terraza de **Sofra** (*1 St Christopher's Place*).

Continúa por **Marylebone Lane,** con sus pequeñas tiendas, hasta **Marylebone High Street** y su variedad de *boutiques* de moda. Haz una parada en el tranquilo jardín de **St Marylebone Parish Church.** El párroco metodista Charles Wesley (1707-1788) tiene su monumento conmemorativo aquí.

Tarde

Para comer, compra *fish and chips* en el **Golden Hind** (*p. 141*) o diríjete a **Caldesi** en Marylebone (*p. 141*) para tomar pasta fresca casera.

Después de comer sáltate las famosas colas de **Madame Tussauds** y, con la entrada reservada, emplea una hora y media viendo las figuras de cera.

Cruza Marylebone Road hasta Baker Street para tomar un té y un sándwich en **Reubens** (*p. 141*) antes de encaminarte al **Sherlock Holmes Museum,** en el 221b: una fiel reconstrucción de la casa del detective de ficción.

Buscando gangas en Alfie's Antique Market, en Church Street

Compras

1. Alfie's Antique Market
📍 C2 🏠 13–25 Church St NW8
🕐 10.00–18.00 ma–sá
Joyas antiguas, moda, antigüedades de Oriente Próximo, arte y muebles, todo bajo un mismo techo, y un café para descansar después de ver las tiendas.

2. Marylebone Farmers' Market
📍 D3 🏠 Aybrook, St Vincent St & Moxon St W1 🕐 10.00–14.00 do
Con docenas de proveedores, es uno de los mejores y más grandes mercados de productos agrícolas de Londres.

3. The Conran Shop
📍 D2 🏠 55 Marylebone High St W1
Situado en el edificio de un viejo establo, Conran vende lo mejor en diseño clásico europeo y británico de menaje y mobiliario, incluidas las sillas reclinables de Mies van der Rohe.

4. Dr. Martens
📍 D3 🏠 386 Oxford St W1
Casa de los característicos zapatos y botas que continuamente eligen las subculturas jóvenes del Reino Unido.

5. Daunt Books
📍 D3 🏠 83–84 Marylebone High St W1
En las galerías de roble de esta evocadora librería de ambiente eduardiano se pueden encontrar libros de viajes, literatura y mucho más.

6. Marylebone Lane
📍 D3 🏠 Junto a Marylebone High St W1
Esta encantadora callecita junto a Marylebone High Street aún cuenta con multitud de originales joyas para tentar a los compradores.

7. John Lewis
📍 D3 🏠 300 Oxford St W1
No hay casi nada que no se pueda comprar en estos sofisticados almacenes. En la enorme colección hay desde ropa hasta muebles, productos electrónicos y de papelería. Tiene un increíble departamento de regalos y los dependientes siempre están dispuestos a ayudar.

8. Selfridges & Co
📍 D3 🏠 400 Oxford St W1
Estos almacenes abrieron en 1909. Cuentan con una fachada de estilo neoclásico. Son una institución en Londres, con ropa de mujer de diseñadores y un supermercado galardonado.

9. Margaret Howell
📍 D3 🏠 34 Wigmore St W1
Elegancia clásica para hombres y mujeres creada por una de las mejores diseñadoras británicas en su tienda insignia.

10. Le Labo
📍 D2 🏠 28A Devonshire St W1
Una perfumería de lujo donde las fragancias se hacen de encargo con una etiqueta personalizada.

Dónde comer y beber

PRECIOS
Una comida de tres platos, con media botella de vino (o equivalente), servicio e impuestos incluidos.

£ hasta 30 £ ££ 30-60 £ £££ más de 60 £

1. The Wallace Restaurant
D3 Hertford House, Manchester Sq W1 wallacecollection.org · ££
Situado en el patio de la Wallace Collection (p. 137), esta elegante *brasserie* ofrece almuerzos deliciosos y té por la tarde. El menú cambia regularmente y el producto siempre es fresco.

2. Artesian
J1 1C Portland Place W1 artesian-bar.co.uk · £££
Este bar sirve un pequeño menú de clásicos y cócteles increíbles.

3. Caldesi in Marylebone
D3 118 Marylebone Lane W1 caldesi.com · £££
Delicioso restaurante italiano con platos clásicos y buenos vinos. Ambiente más formal arriba.

4. Reubens
C3 79 Baker St W1 reubensrestaurant.com · ££
Uno de los mejores restaurantes *kosher* de Londres; ofrece sándwiches *gourmet* como el de ternera curada.

5. Pachamama
D3 18 Thayer St W1 pachamamalondon.com · £££
Este animado local es uno de los restaurantes peruanos más populares de la ciudad. Ofrece fuertes cócteles de pisco y tapas muy sabrosas.

6. Golden Hind
D3 71a–73 Marylebone Lane W1 goldenhindrestaurant.com · ££
Este pequeño local abierto desde 1914 es muy popular entre los londinenses.

Ofrece pastel de pescado con ensalada griega así como el tradicional *fish and chips* británico y los calamares.

7. Queen's Head & Artichoke
D2 30-32 Albany St NW1 theartichoke.net · ££
Con un cómodo comedor en la planta superior y un bullicioso bar en la planta baja, este popular local ofrece una amplia variedad de comida internacional.

8. La Fromagerie
D3 2-6 Moxon St W1 lafromagerie.co.uk · ££
Aquí se pueden degustar excelentes platos de queso y charcutería, además de delicias de temporada.

9. Locanda Locatelli
C3 8 Seymour St W1 locandalocatelli.com · £££
Georgio Locatelli es uno de los mejores chefs italianos en el Reino Unido. Sus magníficos platos reflejan la gran habilidad y cuidado que forman parte de su cocina.

10. The Ivy Café
D3 96 Marylebone Lane W1 theivycafemarylebone.com · ££
Sucursal informal del conocido restaurante Ivy; ofrece deliciosas opciones todo el día, incluidos *brunches*, sándwiches y platos principales.

El elegante entorno rosado de The Wallace Restaurant

LA CITY

Los imponentes rascacielos de la City se elevan sobre el tradicional distrito financiero de Londres. Poblado entre semana por oficinistas trajeados, que lo convierten en un lugar bullicioso a la hora de comer, se vuelve inquietantemente desierto durante los fines de semana. Además, la City es el corazón histórico de Londres, ya que fue fundada en el siglo I d. C. por los romanos y aún conserva vestigios de esa ocupación. Pese a que sus monumentos se extienden por una amplia zona, algunos son de visita obligada. Junto a la mayor concentración de iglesias medievales y modernas, muchas de ellas diseñadas por *sir* Christopher Wren –entre las que destaca St Paul's Cathedral–, también cuenta con varios mercados antiguos, como Leadenhall o el mercado de pescado de Billingsgate.

1 Imprescindible
p. 143

1 Dónde comer
y beber
p. 147

1 Iglesias
p. 146

Para alojamientos en la zona, ver p. 180

**Una espléndida vista de
St Paul's Cathedral al anochecer**

1 Torre de Londres
La icónica Torre de Londres *(p. 42)* lleva en pie casi mil años. En ese tiempo ha sido palacio real, fortaleza y prisión. Actualmente alberga las joyas de la Corona.

2 St Paul's Cathedral
La obra maestra de la arquitectura barroca de *sir* Christopher Wren destaca sobre el perfil de la ciudad *(p. 44)*.

3 Tower Bridge
H4 ⏰ 9.30-18.00 diario
🌐 towerbridge.org.uk ♿
Cuando la Pool of London era la puerta de entrada la ciudad, este puente se levantaba y se bajaba constantemente para permitir el tránsito de los barcos que traían sus cargamentos desde todos los rincones del Imperio. Los peatones que tenían que cruzar el río mientras el puente estaba abierto subían los 200 peldaños de las torres y caminaban por la pasarela superior. En la actualidad, los visitantes pueden disfrutar de vistas panorámicas desde la pasarela acristalada, a 33,5 m de altura. La entrada está en la torre norte, que alberga además una exposición. Se puede descender a nivel de la calle por la torre sur y visitar las salas de máquinas del puente, antes de salir a la ribera sur a través de una tienda.

4 Barbican Centre
G2–G3 ⏰ Silk St EC2 🌐 barbican.org.uk ♿
El Barbican Centre alberga música, danza, teatro, cine y eventos artísticos de primer nivel. Dispone de una excelente biblioteca, restaurantes y cafés. Inaugurado en 1982, el centro forma parte del Barbican Estate, que acoge a 4.000 personas y también posee la Guildhall School of Music. Aquí también está el Conservatory (horarios y reservas en la página web), con peces tropicales y más de 1.500 especies de árboles y plantas. Se ofrecen visitas guiadas por sus edificios y parques.

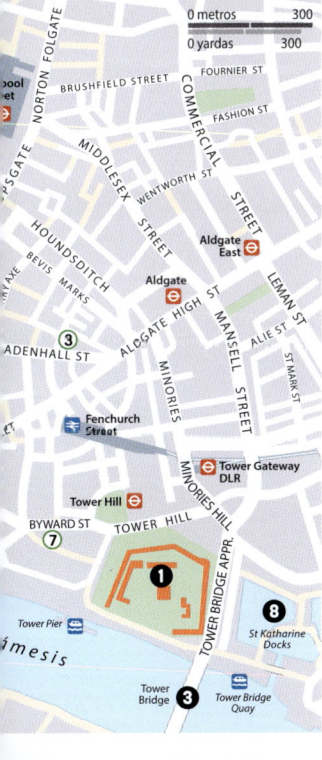

DICK WHITTINGTON

Una de las vidrieras de St Michael, *Paternoster Royal,* representa a Dick Whittington y su gato, conocido héroe de leyenda, famoso por robar a los ricos. En realidad, Richard Whittington, que fue alcalde de Londres cuatro veces entre 1397 y 1420, era un adinerado mercader y uno de los grandes benefactores de la City. Él promovió los primeros urinarios públicos y los instaló colgando sobre el Támesis.

5 London Mithraeum
S2 · 12 Walbrook EC4
10.00–18.00 ma-sá, 12.00–17.00 do
londonmithraeum.com

Bajo el edificio que alberga la sede de Bloomberg, el London Mithraeum guarda los restos de un templo del siglo III d. C. dedicado a un extraño dios romano. Un espectáculo de imagen y sonido recrea una de las ceremonias secretas.

6 Guildhall
S2 · Great Hall: Guildhall Yard, Gresham St EC2 · Para visitas mensuales (reservar con antelación); consultar horarios en página web
cityoflondon.gov.uk/things-to-do

Aproximadamente durante 900 años Guildhall ha sido el centro administrativo

de la City. En su magnífico Great Hall se celebraban juicios y mucha gente importante fue sentenciada a muerte aquí, incluida *lady* Jane Grey, que fue reina durante 9 días en 1553.

7 Guildhall Art Gallery and Roman Amphitheatre
S2 · Gresham St EC2
10.30–16.00 diario

Enclavado en el extremo este de Guildhall Yard, este museo posee dos plantas de pinturas que cubren más 400 años de arte. Muchas de las obras guardan relación con la City y hay una buena colección de pinturas del siglo XIX, incluidas algunas de los prerrafaelitas. A través del museo se accede al único anfiteatro romano de Londres, descubierto en 1988 durante una excavación arqueológica. Construido en el año 70 d. C., podía acoger a 6.000 espectadores.

8 St Katharine Docks
H4 · E1 · shdocks.co.uk

Este lugar de recreo está cerca de Tower Bridge y la Torre de Londres *(p. 42):* se puede ver a los ricos con sus yates y disfrutar la experiencia única de navegar río arriba desde cerca del muelle del Tower Bridge. Hay varios cafés, además de bares y restaurantes populares.

St Katharine Docks, actualmente un puerto deportivo

9 Bank of England Museum

📍 T2 🏠 Bartholomew Lane EC2 🕐 10.00–17.00 lu-vi
🌐 bankofengland.co.uk

Este fascinante museo, situado dentro de los impresionantes muros del Bank of England, repasa la historia del banco desde su fundación en 1694 hasta el presente. Sus colecciones únicas de monedas, billetes y demás objetos se ven complementadas por muestras interactivas. Los visitantes pueden incluso tocar un lingote de oro auténtico.

10 Monument

📍 T3 🏠 Monument St EC3 🕐 9.30–13.00 y 14.00–18.00
🌐 themonument.org.uk

Con sus 61,5 m, este monumento, obra de sir Christopher Wren, ofrece vistas panorámicas de la City. Conmemorando el Gran Incendio de Londres, la altura de esta columna de piedra independiente es igual a la distancia que la separa de la panadería de Pudding Lane donde comenzó en 1666. En el interior, por una escalera en espiral de 311 peldaños se accede a un mirador; al salir se entrega un diploma que certifica que se ha subido a lo más alto.

UN DÍA EN LA CITY

Mañana

Comienza la mañana subiendo los 311 peldaños del **Monument** y viendo las callejuelas estrechas que bajan hasta el Támesis. Después baja por Fish Street Hill, cruzando Lower Thames Street, hasta la histórica iglesia de **St Magnus the Martyr** (p. 146), donde una maqueta del antiguo London Bridge muestra cómo era este hasta el siglo XVIII.

Vuelve a subir por Fish Street Hill y Philpot Lane, hasta Lime Street, para admirar el edificio **Lloyd's of London** y el cariñosamente apodado Gherkin (pepinillo), 30 St Mary Axe. El edificio de **Leadenhall Market** (1881) (p. 71) posee tiendas modernas, restaurantes y bares. Toma una deliciosa comida en el mercado, en **Luc's Brasserie** (22 Leadenhall Market).

Tarde

Tras comer, explora los edificios históricos de la City, en Cornhill. Fíjate en el pórtico corintio del Royal Exchange, detrás del cual hay un centro comercial de lujo. Enfrente está la **Mansion House,** residencia del alcalde de Londres y símbolo de la ciudad. Cruzando Threadneedle Street está el **Banco de Inglaterra.** Continúa hacia Lothbury y sigue por Gresham Street hasta **Guildhall.**

Camina por Wood Street hasta **Barbican Centre** (p. 143) para tomar un cóctel o el menú preteatro en la Brasserie, con vistas al lago.

Iglesias

1. St Paul's Cathedral
Aún en funcionamiento, fue la primera catedral protestante en construirse (p. 44).

2. St Bartholomew the Great
R1 West Smithfield EC1
10.00–17.00 lu–sá, 13.00–19.00 do
greatstbarts.com
Es una de las iglesias más antiguas de Londres. Fue construida en el siglo XII y tiene algunos detalles de estilo normando.

Cúpula ricamente decorada de St Stephen Walbrook

3. St Katharine Cree
H3 86 Leadenhall St EC3
stkatharinecree.org
Esta es una de las ocho iglesias que sobrevivieron al Gran Incendio de 1666, pues se construyó hacia 1630.

4. Holy Sepulchre
Q1 Holborn Viaduct EC1 Los horarios varían, consultar web hsl.church
La iglesia más grande de la City después de St Paul, St Sepulchre es famosa por su carillón de 12 campanas.

5. St Mary-le-Bow
S2 Cheapside EC2 7.30–18.00 lu–vi stmarylebow.org.uk
Esta iglesia, situada en Cheapside, fue reconstruida por Christopher Wren tras ser destruida por el Gran Incendio de Londres en 1666.

6. St Magnus the Martyr
T3 Lower Thames St EC3
10.00–16.00 ma–vi, 10.00–13.00 do
stmagnusmartyr.org.uk
Levantada por Wren en 1670, esta iglesia mantiene su elegante púlpito.

7. All Hallows by the Tower
H4 Byward St EC3
8.00–17.00 lu–vi, 10.00–17.00 sá y do ahbtt.org.uk
Se recomienda una visita guiada por esta iglesia, que data de época sajona.

8. St Stephen Walbrook
S3 39 Walbrook EC4
10.00–15.30 lu–vi
ststephenwalbrook.net
Un adelanto de St Paul's Cathedral, la iglesia parroquial del Lord Mayor está considerada como uno de los mejores trabajos de Christopher Wren.

9. St Mary Woolnoth
T2 Lombard St EC3 7.00–16.00 lu–vi lombardchurches.org
Una de las seis iglesias aún en pie obra de Nicolas Hawksmoor. Se terminó en 1727 en estilo barroco.

10. St Lawrence Jewry
S2 Guildhall EC2 8.30–16.00 lu–vi stlawrencejewry.org.uk
Destacan sus ventanas con vidrieras que representan figuras históricas.

Iglesia prioral de St Bartholomew the Great

Dónde comer y beber

1. St John Smithfield
📍 G2 🏠 26 St John St EC1
🌐 stjohnrestaurant.com · £££
Filial del restaurante St John Bread & Wine (p. 167), es famoso por su comida "nose-to-tail" (de la nariz a la cola) con sabores intensos y especializada en asaduras. Dispone de deliciosos platos ligeros.

2. Viaduct Tavern
📍 Q1 🏠 126 Newgate St EC1 🔄 do
🌐 viaducttavern.co.uk · £
Levantado sobre una cárcel, este antiguo bar victoriano tiene un ambiente único de época gracias a sus paredes adornadas con pinturas y otras adaptaciones originales. Durante la semana sirven sándwiches y tentempiés.

3. Hawksmoor Guildhall
📍 S2 🏠 10 Basinghall St EC2
🌐 thehawksmoor.com · £££
Amplio y bullicioso, Hawksmoor ha reunido la vieja tradición de asador con variedad de cortes, todos perfectamente cocinados. Uno de sus varios locales en la ciudad.

4. Sweetings
📍 S3 🏠 39 Queen Victoria St EC4
🕐 11.30-15.00 lu-vi
🌐 sweetingsrestaurant.com · ££
Es un lugar paradisiaco para los amantes del pescado. A entrantes como los langostinos siguen platos como la platija y el lenguado de Dover.

5. The Jugged Hare
📍 G2 🏠 49 Chiswell St EC1
🌐 thejuggedhare.com · £££
Este gastropub de lujo cerca del Barbican es conocido por su excelente gama de platos y sus asados de primera categoría.

6. Holy Tavern
📍 G2 🏠 55 Britton St EC1
🌐 theholytavern.com · ££
Cómodo y rústico, con azulejos y bancos encajonados, este pub diminuto rezuma encanto.

7. City Càphê
📍 S2 🏠 17 Ironmonger Lane EC2
🕐 11.30-15.00 lu-vi
🌐 citycaphe.com · £
Este pequeño café vietnamita del corazón de la City sirve una deliciosa pho (sopa) siguiendo una receta familiar.

8. 1 Lombard Street
📍 S2 🏠 1 Lombard St EC3 🔄 sá y do
🌐 1lombardstreet.com · £££
Comida británica de primer nivel en el sorprendente marco de un antiguo banco.

9. Café Below
📍 S2 🏠 Cheapside EC2
🌐 cafebelow.co.uk · ££
Popular café en la cripta de la iglesia de St Mary-le-Bow. Sirve desayunos y comidas entre semana.

10. Ye Olde Cheshire Cheese
📍 Q2 🏠 145 Fleet St EC4 🌐 ye-olde-cheshire-cheese.co.uk · £££
Este establecimiento del siglo XVII, uno de los pubs más famosos de Londres, sirvió a Samuel Johnson y Charles Dickens.

El acogedor interior de Ye Olde Cheshire Cheese

Iglesia de St Bartholomew the Great, en Smithfield

NORTE DE LONDRES

Más allá de Regent's Park, Londres se adentra en lo que antiguamente fueron aldeas alejadas donde los ricos construían sus mansiones campestres para escapar de la ciudad. Una buena parte de estas grandes extensiones forma Hampstead Heath, una explanada agreste en una colina. Algunas "aldeas", como Hampstead o Highgate, guardan aún bastantes diferencias respecto a los barrios urbanos que las rodean. Sus calles muestran una arquitectura bien conservada. Otras partes del norte de Londres tienen distinto aspecto: desde el animado Camden, con su mercado, hasta el moderno Islington, con sus tiendas de ropa, sus anticuarios y sus bares elegantes. Rehabilitadas desde los años 1980, Camden e Islington se han convertido en zonas alegres y vibrantes, foco de la cultura alternativa.

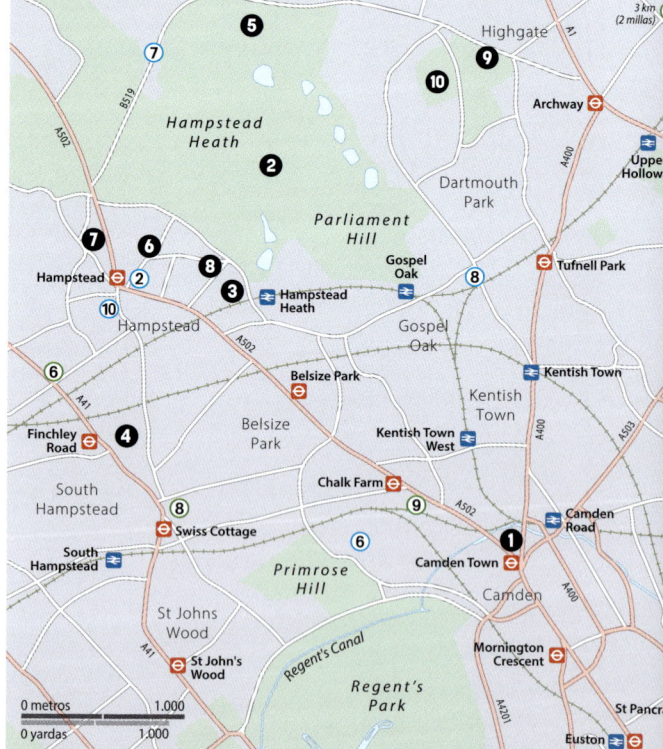

Para alojamientos en la zona, ver p. 181

El popular Camden Lock Market, conocido por su variedad

1 Mercados de Camden
🏠 Camden High St y Chalk Farm Rd NW1 🕐 10.00-tarde diario

Los mercados más interesantes del norte de Londres están unidos por la colorista y ajetreada calle de Camden High Street. El mercado de Camden está lleno de puestos de ropa, zapatos y bisutería. Los mercados de Camden Lock y Stables Market venden arte, artesanía y ropa *vintage*. Hay muchos bares y cafés, además de puestos de comida callejera.

2 Hampstead Heath y Parliament Hill
🏠 NW3, NW5

Esta zona es uno de los mejores lugares de Londres para andar. Tiene 3 km^2 de campo: hay antiguos bosques y estanques para bañarse o pescar. Desde el punto más alto de la colina del Parlamento hay vistas de la ciudad y muchos vienen con sus cometas.

3 Keats House
🏠 10 Keats Grove NW3 🕐 11.00-13.00 y 14.00-17.00 mi-vi y do 🌐 cityoflondon.gov.uk/keats ↗

Keats Grove, junto a Downshire Hill, es una de las calles más encantadoras de Hampstead. La casa donde el poeta John Keats escribió muchas de sus obras alberga una colección de manuscritos y cartas, así como algunos objetos personales. Hay lecturas de poesía y conferencias.

4 Freud Museum
🏠 20 Maresfield Gardens NW3 🕐 10.30-17.00 mi-do 🌐 freud.org.uk ↗

Sigmund Freud, fundador del psicoanálisis, vivió aquí cuando su familia huyó de Viena tras ser ocupada por los nazis. La casa conserva la colección de antigüedades de Freud, su biblioteca y el diván donde los pacientes le contaban sus sueños. Exposiciones temporales exploran distintas facetas de su vida y obra.

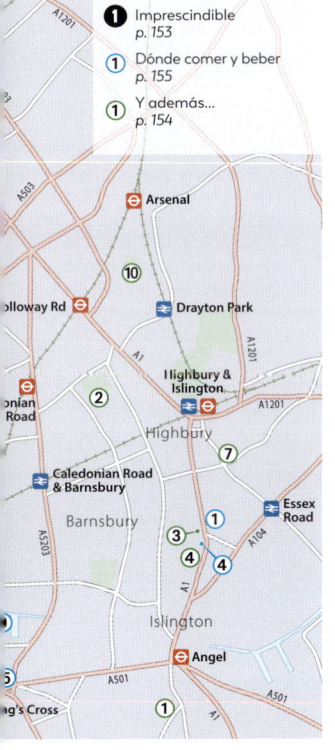

1 Imprescindible p. 153
1 Dónde comer y beber p. 155
1 Y además... p. 154

**Pintura clásica expuesta
en Kenwood House**

5 Kenwood

🏠 Hampstead Lane NW3
🕐 10.00–17.00 diario (nov–mar: hasta
16.00) 🌐 english-heritage.org.uk ⬛

Esta mansión, con numerosas obras de
grandes artistas, está situada en el
extremo de Hampstead Heath.
Muchacha tocando la guitarra de
Vermeer y un autorretrato de
Rembrandt están entre sus mayores
atractivos. Hay visitas los miércoles,
viernes y sábados, y cuenta con un
salón de té, un café y una zona para
pícnic en el jardín.

6 Burgh House

🏠 New End Sq NW3 🕐 10.00–
16.00 mi–vi y do 🌐 burghhouse.org.uk
Fue construida en 1704 y alberga el
Hampstead Museum, con una
importante colección de arte, además
de muebles y un amplio archivo local.
La sala de música se utiliza para
conciertos y reuniones, la Peggy Jay
Gallery expone arte contemporáneo y
el café tiene una terraza y un agradable
interior.

7 Fenton House

🏠 Hampstead Grove NW3
🕐 mar–oct: 11.00–16.00 vi, do
y festivos del banco
🌐 nationaltrust.org.uk ⬛

Esta espléndida mansión del siglo XVII
es la más antigua de Hampstead. Su

excepcional colección de porcelana
china y europea, de muebles y
bordados, fue legada al National Trust,
junto con la casa, en 1952. El jardín
tiene un huerto. Hay que reservar con
antelación.

8 2 Willow Road

🏠 2 Willow Rd NW3 🕐 mar–oct:
11.00–16.30 ju, sá y festivos
🌐 nationaltrust.org.uk ⬛⬛

Esta casa es un buen ejemplo de
arquitectura moderna en el Reino
Unido. Fue construida en 1939 por
Ernö Goldfinger para él y su mujer, la
artista Ursula Blackwell. Goldfinger
diseñó el mobiliario y coleccionó
algunas obras de Henry Moore, Max
Ernst y Marcel Duchamp. La entrada
de 11.00 a 15.00 es solo para las visitas
reservadas con antelación, que tienen
lugar cada hora.

MANANTIAL DE HAMPSTEAD

El auge de Hampstead comenzó
a principios del siglo XVIII, cuando se
reconocieron las propiedades medicinales
de un manantial en Well Walk. Este hecho
atrajo a los londinenses, que acudían
a la Great Room de Well Walk, que
también tenía una Assembly Room
para bailes y conciertos. El balneario
perdió su fama, pero Hampstead mantuvo
su elegante prestigio.

**Tumba de Karl Marx en el tranquilo
entorno de Highgate Cemetery**

9 Lauderdale House

⌂ Waterlow Park, Highgate Hill N6
🕐 Los horarios varían, consultar la
página web 🌐 lauderdalehouse.org.uk

Esta casa, de finales del siglo XVI,
se asocia con Carlos II y su amante
Nell Gwynne. En la actualidad alberga
un centro de cultura y arte popular,
con sesiones de conciertos y
exposiciones.

10 Highgate Cemetery

⌂ Swain's Lane N6
🕐 10.00-17.00 (nov-feb: hasta 16.00)
🌐 highgatecemetery.org 🚗📷

En un extremo de Hampstead,
Highgate se desarrolló como lugar de
descanso de potentados y nobles
durante los siglos XVIII y XIX. Muchos
de estos victorianos eligieron ser
enterrados en las dos frondosas alas
del Highgate Cemetery. Cuando abrió
en 1839, su arquitectura victoriana y las
agradables vistas hicieron de él un
lugar de peregrinaje muy popular.
Numerosos personajes, incluidos Karl
Marx y la escritora George Eliot están
enterrados en el cementerio Este,
aunque el descuidado cementerio
Oeste es el más evocador y el más
interesante arquitectónicamente.
Destaca su restaurada Egyptian
Avenue, una calle de panteones
familiares inspiradas en antiguas
tumbas egipcias que conduce al Circle
of Lebanon, un anillo de panteones
coronado por un cedro.

UN DÍA EN EL NORTE DE LONDRES

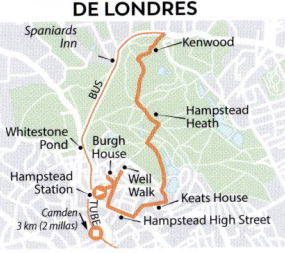

Mañana

Comienza en la **estación de metro
Hampstead,** y dirígete hacia la
izquierda bajando por Flask Walk
(el *pub* The Flask vendía aguas
medicinales) hasta el museo local en
Burgh House. Merece la pena
detenerte en las interesantes calles,
muchas de ellas rodeadas de
suntuosas mansiones victorianas.
Visita **Well Walk,** de moda en la
época del balneario de Hampstead
(aún queda una fuente en Well
Passage).

Para a tomar un café en alguno de
los muchos cafés de **Hampstead
High Street** y continúa el camino
hasta **Keats House** (*p. 151*),
curioseando media hora por los
alrededores. Da un paseo por
Hampstead Heath hasta **Kenwood**
antes de comer.

Tarde

La Brew House, en Kenwood, es
excelente y ofrece vistas al lago.
Después de comer, visita la casa.

Abandona Heath por la cercana
East Lodge y toma el autobús 210
de vuelta a Hampstead. El autobús
pasa por **Spaniards Inn** (*p. 155*) y
Whitestone Pond, el punto más alto
de Heath. Bájate del autobús en el
estanque y camina hacia la estación
de metro para tomar un tren hasta
Camden Town. Pasa el resto de la
tarde en el animado **mercado de
Camden Lock** (*p. 151*) y termina el día
cenando en la terraza de Lockside.

Y además...

1. Sadler's Wells
F1 Rosebery Ave EC1
sadlerswells.com
El principal local de danza de Londres atrae a artistas y compañías internacionales de todo el mundo.

2. Freightliners City Farm
Sheringham Rd N7 ma
freightlinersfarm.org.uk
Un poco de campiña en la ciudad, con animales, productos de jardín y una cafetería vegetariana.

3. Almeida Theatre
F1 Almeida St N1
almeida.co.uk
Este famoso teatro local ha acogido a los mejores actores y directores del Reino Unido y de Estados Unidos.

4. King's Head Theatre
F1 116 Upper St N1
kingsheadtheatre.com
Este famoso teatro-*pub* se trasladó a su actual emplazamiento (tras el original) en 2024. Mantiene un variado programa de talentos emergentes, que incluyen drama, comedia, ópera y musicales, con énfasis en trabajos relacionados con el mundo LGTBIQ+.

Pradera ante el Alexandra Palace

5. Alexandra Palace
Alexandra Palace Way N22
alexandrapalace.com
Dentro de las 79 ha del Alexandra Park, este centro de exposiciones restaurado en 1873 se usa principalmente como una pista de patinaje sobre hielo y para conciertos.

6. Camden Art Centre
Arkwright Rd NW3
camdenartcentre.org
Es muy conocido por sus exposiciones de arte contemporáneo y por su excelente librería de arte.

7. Estorick Collection
39A Canonbury Sq N1
estorickcollection.com
Elegante casa georgiana con una espléndida colección de arte italiano del siglo XX, incluidas obras de Amedeo Modigliani y Emilio Greco. Hay un bonito jardín con un café.

8. Hampstead Theatre
Eton Ave NW3
hampsteadtheatre.com
Este teatro alternativo es el lugar apropiado para los jóvenes escritores, y ha producido obras de autores británicos tan innovadores como Harold Pinter, Michael Frayn y Mike Leigh.

9. Roundhouse
Chalk Farm Rd NW1
roundhouse.org.uk
Esta antigua caseta de ferrocarril victoriana ahora es un interesante escenario de teatro y música.

10. Emirates Stadium Tours
Hornsey Rd, Highbury N7
arsenaldirect.arsenal.com
Sede del Arsenal Football Club, la visita al estadio incluye el palco de honor, los vestuarios locales y visitantes, el túnel de los jugadores y el Museo del Arsenal.

Dónde comer y beber

El elegante restaurante Dishoom, Kings Cross London

PRECIOS

Una comida de tres platos, con media botella de vino (o equivalente), servicio e impuestos incluidos.

£ hasta 30 £ ££ 30-60 £ £££ más de 60 £

1. Ottolenghi

G1 287 Upper St N1

W ottolenghi.co.uk · ££

Yotam Ottolenghi, de origen israelí, ha revitalizado el enfoque londinense de los platos mediterráneos basados en los mejores ingredientes.

2. The Flask

14 Flask Walk NW3 W theflask hampstead.co.uk · ££

Este *pub*, fundado en 1700, tiene un ambiente campestre, buena cerveza de barril y comida casera.

3. Dishoom

E1 5 Stable St N1

W dishoom.com · ££

Con decoración inspirada en los cafés iraníes de Bombay, Dishoom ofrece cocina india moderna. Recomendable el *daal* negro o los cócteles.

4. Gallipoli Again

G1 120 Upper St N1

W gallipolicafe.co.uk · ££

Cocina turca de buena calidad con énfasis especial en *mezze*, en un concurrido, ruidoso y agradable bistro. Sus paredes están adornadas con pequeños retratos.

5. Camino

E1 290–292 Pentonville Rd

W camino.uk.com · ££

Sirve buenas tapas y excelentes cócteles, así como vinos españoles y jerez en un ambiente relajado.

6. Lemonia

89 Regent's Park Rd NW1

W lemonia.co.uk · ££

Cocina moderna y tradicional griega servida en esta *brasserie*. Cuenta con un precioso invernadero.

7. Spaniards Inn

Spaniards Rd NW3

W thespaniardshampstead.co.uk · ££

Uno de los *pubs* más famosos y antiguos de Londres. Comida tradicional inglesa de *pub* y buenos asados dominicales.

8. Southampton Arms

139 Highgate Rd NW5 W the southamptonarms.co.uk · ££

Un bar tradicional próximo a Hampstead Heath con un *beer garden* que ofrece una magnífica carta de *ales* y sidras de productores independientes. Su comida es básica pero sabrosa, basada en el cerdo.

9. Rotunda

E1 90 York Way N1

W rotunda barandrestaurant.co.uk · ££

Restaurante con clase y espléndidas vistas del Battlebridge Basin. La carta cambia con frecuencia y usa ingredientes de temporada.

10. 28 Church Row

28 Church Row

W 28churchrow.com · ££

Este restaurante sirve comida española e italiana en pequeñas bandejas para compartir. Se encuentra en un edificio georgiano de una de las calles más bonitas de la zona.

SUR Y OESTE DE LONDRES

Los palacios que antiguamente embellecieron las riberas de Londres, hacia el sur y el oeste de la urbe, fueron construidos en lugares que siguen siendo muy conocidos en la actualidad, desde Hampton Court y Richmond en el oeste, hasta Greenwich, río abajo. Aquí, en uno de los amplios recodos del Támesis, la primera visión espectacular era un vasto palacio de estilo Tudor. Aquel palacio ha sido sustituido por el bonito Old Royal Naval College, de Wren: un impresionante edificio, declarado patrimonio de la humanidad por la Unesco, y el comienzo de las maravillas de Greenwich Park, que alberga el Greenwich Mean Time y el *Cutty Sark*, el último clíper de té del mundo. El palacio Richmond ha desaparecido también, pero cerca está el Kew Palace, en los terrenos de los incomparables Kew Gardens. Chiswick House, Ham House y Syon House son las mejores mansiones palaciegas, junto a Richmond. La cultura está representada en la Dulwich Picture Gallery y en el Horniman Museum.

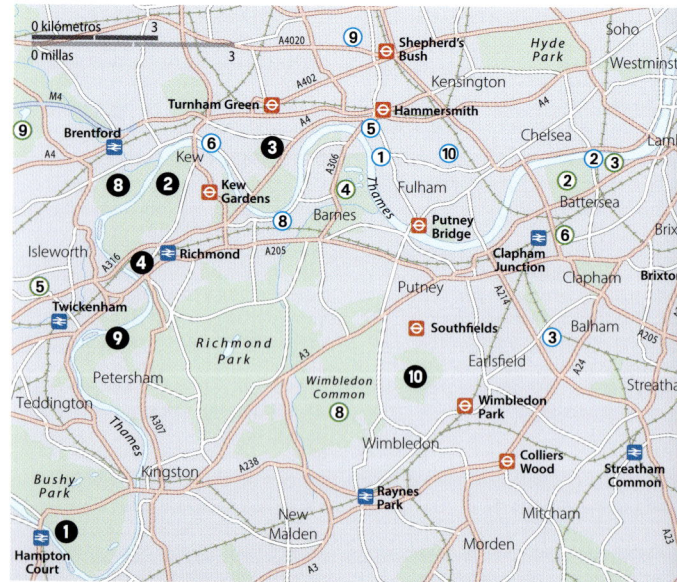

Para alojamientos en la zona, ver p. 181

1 Hampton Court
🏠 East Molesey, Surrey KT8
🕐 10.00-16.00 mi-do (abr-oct: hasta 17.30; diario durante festividades escolares) 🌐 hrp.org.uk 🚊🚇

Alquilado originalmente por el cardenal Wolsey en 1514, Hampton Court pasó a Enrique VIII en 1528. Visitar este palacio histórico con sus amplísimas habitaciones de estilo Tudor y barroco y sus grandes jardines es una de las excursiones más populares desde Londres. Hay visitas guiadas con audio que explican el complejo y los fines de semana hay actores disfrazados que dan vida al mundo de los Tudor. Los eventos incluyen un festival musical de tres semanas en junio y, en julio, el encuentro floral más importante del mundo, organizado por la Royal Horticultural Society. Un tren con salidas desde la estación de Waterloo tarda unos 30 min en llegar a Hampton Court, pero si se desea un relajante viaje, lo mejor es tomar un barco en Westminster Pier; tarda unas tres horas.

La incomparable Temperate House en los Kew Gardens

2 Kew Gardens
🏠 Kew, Richmond TW9 🕐 10.00 diario (la hora de cierre varía, consultar la página web) 🌐 kew.org 🚇

Declarado patrimonio de la humanidad por la Unesco, este antiguo jardín real alberga una colección de plantas con más de 50.000 especies. Temperate House, el invernadero victoriano más grande del mundo, alberga unas 1.500 especies raras o amenazadas de todo el planeta. Kew Palace (p. 54) fue residencia del rey Jorge III, cuyos padres, el príncipe Frederick y la princesa Augusta, impulsaron aquí el primer jardín. Puede cogerse el tren Kew Explorer para visitar los jardines (permitido bajar y subir en cualquier momento).

3 Chiswick House and Gardens
🏠 Burlington Lane, Chiswick W4
🕐 Casa: fin may-sep: 10.00-16.00 ju-do; jardines: 7.00-anochecer todo el año
🌐 chiswickhouseandgardens.org.uk 🚇

Este pedazo de Italia en Londres es un hito de la arquitectura inglesa del siglo XVIII. Bello ejemplo de una villa palladiana, con su cúpula, pórtico e interiores pintados, fue construida para lord Burlington por el arquitecto William Kent. La casa está llena de referencias a la antigua Roma y la Italia del Renacimiento. Los jardines italianizantes se completan con templos, estatuas y un lago.

① Imprescindible
p. 157

① Dónde comer y beber
p. 161

① Y además...
p. 160

El pintoresco puerto de la ciudad ribereña de Richmond

4 Richmond
Merece la pena visitar esta zona residencial junto al río, rica y atractiva, con sus tiendas pintorescas, sus *pubs*, sus preciosas calles y, especialmente, su delicioso paseo ribereño, que puede seguirse hasta Ham House. En su parque real viven ciervos rojos y gamos *(p. 59)*. Alberga también una espaciosa pradera donde se practica críquet en verano, situado por encima del Richmond Theatre, encantadoramente restaurado, y de las casas de las damas de honor, que permanecen junto a los últimos vestigios del gran palacio Tudor.

5 Dulwich Picture Gallery
🏠 Gallery Rd SE21
🕐 10.00-17.00 ma-do y festivos
🌐 dulwichpicturegallery.org.uk 🔗
Este museo está frente a la entrada principal de Dulwich Park. Aparte de la brillantísima colección, que incluye la exquisita pintura *Muchacha en la ventana* (1645), de Rembrandt, y varios retratos de Gainsborough, hay exposiciones temporales y conferencias y otros eventos, así como más de 1,2 ha de praderas donde relajarse.

6 Greenwich
🏠 Greenwich SE10 🕐 Old Royal Naval College y Royal Observatory: 10.00-17.00 diario
🌐 ornc.org; rmg.co.uk 🔗
El patrimonio de la humanidad de Greenwich incluye el Old Royal Naval College, Greenwich Park *(p. 59)*, el planetario y el histórico Royal Observatory, donde se estableció el meridiano 0. En el borde del parque está Queen's House *(p. 55)* y el National Maritime Museum *(p. 50)*. Vale la pena visitar el mercado y el cercano *Cutty Sark (p. 69)*.

7 Horniman Museum
🏠 100 London Rd SE23
🕐 Acuario y mariposario: 10.00-17.30 diario
🌐 horniman.ac.uk 🔗
Construido en 1901 por Frederick Horniman, este museo está dedicado a niños y adultos. Tiene una espléndida colección de antropología y salas sobre historia natural con una importante colección de esqueletos y animales disecados, incluida la famosa morsa Horniman. También posee un acuario y un café.

GREENWICH PALACE

Las ruinas de este palacio yacen bajo la explanada del Old Royal Naval College. Numerosos monarcas Tudor vivieron aquí, incluidos Enrique VII y Enrique VIII. Fue abandonado durante la república de Cromwell, en 1652, y demolido para levantar los actuales edificios, de Wren.

UN DÍA EN GREENWICH

8 Syon House and Park

🏠 Brentford 🕐 Casa: med
mar-oct 10.30-16.30 mi, ju y do;
jardines: 10.30-16.30 mi-do
🌐 syonpark.co.uk 🔗

Esta suntuosa villa neoclásica
es la residencia del duque de
Northumberland. Tiene elegantes
interiores diseñados por Robert
Adam y 16 ha de jardín, diseñado
por el paisajista Capability Brown.

9 Ham House and Garden

🏠 Ham, Richmond 🕐 Casa:
12.00-16.00 diario; jardines: 10.00-
17.00 diario (nov-feb: hasta 16.00)
🌐 nationaltrust.org.uk/ham-
house-and-garden 🔗

Esta residencia veraniega del
siglo XVII fue el centro de las intrigas
cortesanas durante el reinado de
Carlos II. Cuenta con una excelente
colección de pintura. The Orangery
Café sirve platos hechos con
productos frescos del jardín.

10 Wimbledon Lawn Tennis Museum

🏠 Church Road SW19 🕐 10.00-17.30
diario (invierno: hasta 17.00)
🌐 wimbledon.com 🔗🔗

Este museo ilustra la historia del tenis,
desde sus comienzos caballerescos y
aficionados hasta el estado profesional
de la actualidad. Se expone equipo y
ropa de tenis desde época victoriana
y en su sala de cine se pueden
ver vídeos de partidos recientes.
Las visitas guiadas deben reservarse
con antelación.

Mañana

Comienza el día en **Westminster
Pier,** porque el mejor modo de
llegar a **Greenwich** es en barco.
El viaje dura 40-50 min y pueden
contemplarse estupendas vistas
del río. El histórico cliper de té
Cutty Sark (p. 69) permite pasear
bajo el imponente casco de cobre.

Detrás está el **Greenwich Market.**
Toma un café y da un paseo por
las calles adyacentes, llenas
de anticuarios y otras tiendas
preciosas. Gira hacia el **Old Royal
Naval College, de Wren,** para
visitar el Painted Hall, admirar sus
murales, y después pasear por la
Grand Square y bajar hacia el río.
Haz una parada para comer
y tomar una pinta en la antigua
Trafalgar Tavern (p. 161), en un
extremo del Naval College,
con el río a la vista.

Tarde

Tras comer, visita el **National
Maritime Museum** (p. 50), el más
grande del mundo de su clase, la
contigua **Queen's House** (p. 55) y
el **Royal Observatory Greenwich**
(p. 59), que está en la colina.
Explora este fascinante museo
y después diríɡete hacia el
observatorio. Aquí se regula la
hora mundial y se señala el
meridiano 0°. Puedes hacerte una
foto con un pie en el hemisferio
este y otro en el oeste. Regresa
al centro de Londres desde
Greenwich en barco, DLR o tren.

La Peace Pagoda surge entre la vegetación del Battersea Park

Y además...

1. Brixton Market
🚇 Electric Avenue hasta Brixton Station Rd SW9 🌐 brixtonvillage.com
Este mercado es el corazón de la comunidad caribeña de Londres. Puede comprar productos frescos y telas baratas, así como disfrutar de comidas de calle cerca de Brixton Village y en Market Row.

2. Battersea Park
Los entretenimientos en este parque (p. 73) incluyen paseos en bote por el lago, un zoo, instalaciones deportivas y una galería. También hay paseos por el bosque, la Pagoda y esculturas de Henry Moore y Barbara Hepworth.

3. Battersea Power Station
📍 D6 🚇 SW8 🕐 10.00-21.00 lu-sá, 12.00-18.00 do 🌐 batter seapowerstation.co.uk
Antigua central eléctrica, icono de la ribera, abrió al público en 2022 tras una millonaria restauración. Tres plantas llenas de tiendas y restaurantes.

4. WWT London Wetland Centre
🚇 Queen Elizabeth Walk SW13 🕐 Desde 9.30 diario; el cierre varía, consultar la página web 🌐 org.uk 🔗
Gestionado por Wildfowl & Wetlands Trust, este refugio de aves y animales es uno de los mejores sitios de fauna urbana en Europa.

5. World Rugby Museum
🚇 Twickenham Stadium, Whitton Rd 🕐 10.00-17.00 ma-sá, 11.00-17.00 do 🌐 worldrugbymuseum.com 🔗
Merece la pena visitar el increíble estadio y después entrar al museo.

6. Battersea Arts Centre
🚇 Lavender Hill SW11 🌐 bac.org.uk
Uno de los locales de teatro alternativo de Londres, con un amplio programa de actividades.

7. Peckham
Peckham es un lugar de moda en Londres, con espacios artísticos y bares y restaurantes a la última. Peckham Levels es un aparcamiento convertido en centro cultural y creativo.

8. Wimbledon Common
🚇 Wimbledon Common SW19 🌐 wpcc.org.uk
Se puede visitar el molino de viento y dar un paseo hacia el sur para ir a los *pubs* Crooked Billet y Hand in Hand.

9. Osterley Park and House
🚇 Jersey Rd, Isleworth 🏠 Mansión: med mar-oct: 11.00-15.30 mi-do 🌐 nationaltrust.org.uk 🔗
Esta gran mansión georgiana de las afueras de Londres es una de las mejores obras del arquitecto Robert Adam. Tiene un hermoso pórtico con columnas y decoraciones de estuco. El templete de los jardines se atribuye a William Chambers, arquitecto de Somerset House.

10. IFS Cloud Cable Car
🚇 27 Western Gateway Royal Docks E16 y Greenwich Peninsula SE10 🕐 Los horarios varían, consultar la página web 🌐 tfl.gov.uk 🔗
Este teleférico, que une Docklands con Greenwich Peninsula, ofrece magníficas vistas del río y la ciudad.

Dónde comer y beber

PRECIOS
Una comida de tres platos, con media
botella de vino (o equivalente), servicio
e impuestos incluidos.
....
£ hasta 30 £ ££ 30-60 £ £££ más de 60 £

1. The River Café
⌂ Thames Wharf, Rainville Rd
W6 🌐 rivercafe.co.uk · £££
Este imaginativo restaurante de
Hammersmith es considerado uno de
los mejores italianos fuera de Italia.
Está en un antiguo almacén con terraza
junto al río.

2. Roti King
⌂ Battersea Power Station SW11
🌐 rotiking.com · £
Este restaurante acogedor, cercano a la
antigua central eléctrica de Londres,
sirve una deliciosa comida callejera
malaya y de Singapur como el *roti canai*
y el *char kuey teow*.

3. Chez Bruce
⌂ 2 Bellevue Rd SW17
🌐 chezbruce.co.uk · £££
El elegante Chez Bruce, galardonado con
estrellas Michelin, sirve excelente comida
francesa y mediterránea moderna junto a
Wandsworth Common. El servicio es
impecable y es esencial reservar.

4. Trafalgar Tavern
⌂ Park Row SE10
🌐 trafalgartavern.co.uk · ££
Un *pub* muy concurrido junto al río,
decorado con imágenes del pasado
marítimo de Greenwich.

5. The Gate
⌂ 51 Queen Caroline St W6
🌐 thegaterestaurants.com · ££
Es, probablemente, el mejor
restaurante vegetariano de Londres.
Merece la pena visitarlo. El menú
especial cambia regularmente y los
platos son copiosos e imaginativos.

6. The City Barge
⌂ 27 Strand-on-the-Green W6
🌐 citybargechiswick.com · ££
Situado en un enclave encantador del
siglo XVIII en la ribera del Támesis, este
pub sirve comida abundante.

7. Peckham Bazaar
⌂ 119 Consort Rd SE15
🌐 pechhambazaar.com · ££
Sirve comida pan-balcánica preparada
en un asador al aire libre. El pulpo
marinado y la perdiz suelen aparecer
en la carta de asados.

8. The Brown Dog
⌂ 28 Cross St SW13
🌐 thebrowndog.co.uk · ££
El cálido ambiente de este *gastropub*
lo convierte en un verdadero
descubrimiento. La cerveza es local y
en verano se puede comer en el jardín.

9. Esarn Kheaw
⌂ 314 Uxbridge Rd W12
🌐 esarnkheaw.com · ££
Comida tradicional de la región
tailandesa de Isaan, con todos los
clásicos, además de platos menos
comunes como siluro especiado.

10. The Harwood Arms
⌂ Walham Grove SW6
🌐 harwoodarms.com · £££
El Harwood Arms fue el primer
gastropub que recibió una estrella
Michelin. Ofrece ricos asados
dominicales e inventiva cocina británica.

**Elegante salón del *pub* City Barge,
en Chiswick**

ESTE DE LONDRES

Tradicionalmente un barrio de clase obrera, ha estado siempre orgulloso de ser refugio de inmigrantes. Desde tejedores de seda franceses, hasta judíos y trabajadores textiles de Bangladés, este barrio ha acogido a gentes llegadas de todo el mundo. Los medios de información y las finanzas ocupan los renovados Docklands; las galerías y los restaurantes aumentan en Hoxton, así como los mercados de moda que atraen a los visitantes a esta zona, cuya arquitectura de los siglos XVIII y XIX aún continúa en pie.

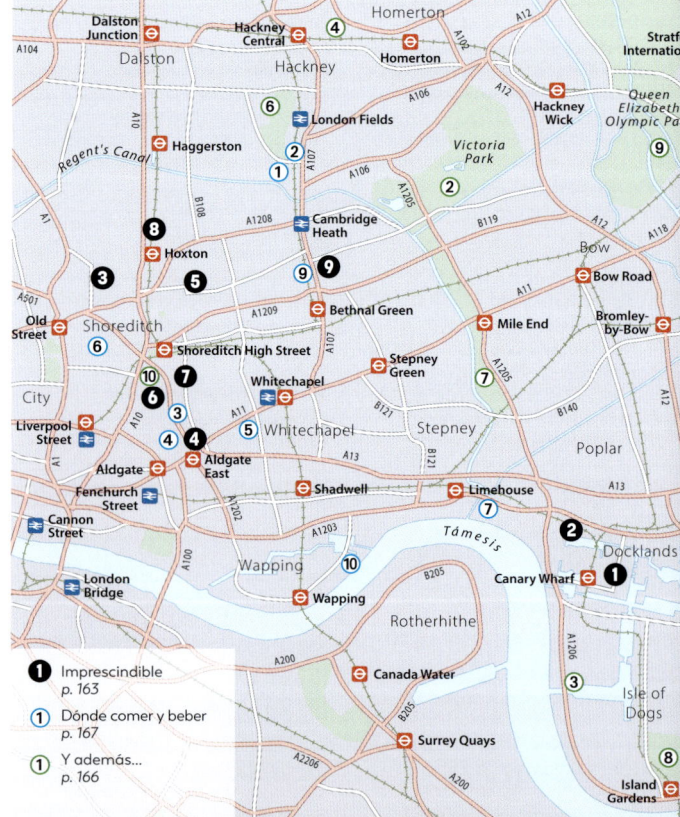

Imprescindible
p. 163

Dónde comer y beber
p. 167

Y además...
p. 166

Para alojamientos en la zona, ver p. 181

El distrito financiero de Canary Wharf con sus rascacielos

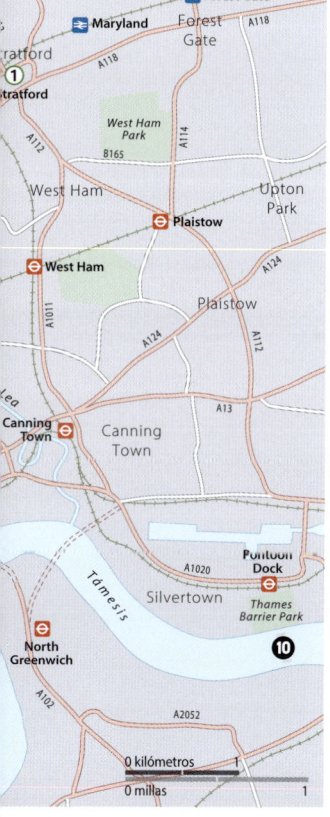

1 Canary Wharf
E14

El espacio principal del desarrollo de los Docklands es Canary Wharf, con elevados rascacielos como el One Canada Square de 235 m de altura. Aunque la torre no está abierta al público, tiene un centro comercial con tiendas, restaurantes y bares. La zona alberga la estación de metro de Canary Wharf, del arquitecto *sir* Norman Foster, y un jardín cubierto en la azotea sobre Crossrail Place.

2 Museum of London Docklands
West India Quay E14 ⏰ 10.00-17.00 diario 🌐 museumoflondon.org.uk

Ubicado en un almacén, este museo recorre la historia del río, el puerto y la gente de Londres. Muestra una rica variedad de objetos. Destaca Mudlarks, una zona interactiva para niños; Sailortown, una recreación del Wapping ribereño del siglo XIX, y London, Sugar & Slavery, que revela la implicación de la ciudad en el comercio trasatlántico de esclavos.

3 Hoxton y Shoreditch
H2 N1/EC1

En otros tiempos famosa por ser el centro del arte británico contemporáneo, hoy esta zona acoge una comunidad tecnológica en torno al cruce de Old Street y City Road, al que llaman "Silicon Roundabout". Animado por la noche, entre sus bares, *pubs* y restaurantes se incluyen The Three Crowns, The Fox *(p. 167)* y el Queen of Hoxton.

4 Whitechapel Gallery
H3 77–82 Whitechapel High St E1 ⏰ 11.00-18.00 ma-do (hasta 21.00 ju) 🌐 whitechapelgallery.org

Debe su fama a las exposiciones de arte contemporáneo más vanguardista del mundo. La galería ha lanzado las carreras de David Hockney, Gilbert & George y Anthony Caro. Tras su característica fachada de 1901 Arts and Crafts hay una librería, un café y un restaurante.

5 Columbia Road Market
📍 H2 🏠 Columbia Rd E2
🕐 8.00-15.00 do
🌐 columbiaroad.info

A 10 minutos andando hacia el norte de Brick Lane se celebra todos los domingos el mercado de Columbia Rd, con una deliciosa mezcla de todo lo imaginable en plantas y flores a buen precio. La calle alberga también restaurantes, bares y tiendas que ofrecen desde pan artesanal hasta quesos tradicionales todos los días.

6 Spitalfields
📍 H2 🏠 Old Spitalfields Market: 16 Horner Square E1
🕐 10.00-18.00 diario
(desde 8.00 ju; hasta 17.00 do)
🌐 oldspitalfieldsmarket.com

Calles como Fournier Street, flanqueada por las casas de los tejedores hugonotes del siglo XVIII, son un recuerdo de que esta zona, al este de la City, fue refugio de inmigrantes durante siglos. El mercado más antiguo de Londres, el victoriano y cubierto Old Spitalfields, atrae a curiosos y comensales a sus puestos de moda, artesanía y comida. Los jueves se destinan a las antigüedades y cada dos viernes se venden vinilos. Enfrente se halla una de las más bellas iglesias barrocas de Europa: Christ Church, diseñada por Nicholas Hawksmoor y terminada en 1729.

7 Brick Lane
📍 H2 🏠 E1

Antiguo centro de la población judía, hoy es el corazón de la comunidad asiática de Bangladés. Algunos de los mejores *bagels* de la ciudad se hacen en Brick Lane Beigel Bake, abierto 24 horas, un conocido lugar entre los que salen hasta el amanecer. Hay restaurantes económicos, tiendas de ropa de marca y *vintage* y un animado mercadillo los domingos. Hacia el norte de la calle, el edificio de la Old Truman Brewery reúne bares, tiendas y puestos varios.

LOS HUGONOTES EN LONDRES

Los hugonotes, procedentes de Francia en 1685, eran protestantes y sufrieron las persecuciones de los católicos. Casi todos eran tejedores de sedas y construyeron las hermosas casas georgianas en torno a las calles Fournier, Princelet y Elder. La seda de Spitalfields fue famosa por su calidad, pero a mediados del siglo XIX la industria prácticamente desapareció.

Fachada del apacible
Museum of the Home

8 Museum of the Home
🚇 H1 🏠 136 Kingsland
Rd E2 🕐 10.00–17.00 ma-do
🌐 museumofthehome.org.uk

Este fascinante museo situado en un hospicio del siglo XVIII está dedicado a la evolución del hogar y la vida familiar desde 1630 hasta la actualidad. Sus habitaciones, decoradas en estilos de época, son un reflejo de los cambios sociales, de comportamiento y de gustos. Las habitaciones cambian a lo largo del año, se les añaden y quitan objetos, siempre basándose en casas londinenses reales.

9 Young V&A
🏠 Cambridge Heath Rd E2 🕐 10.00–
17.45 diario 🌐 vam.ac.uk/young

El que fuera Museum of Childhood muestra 2.000 objetos de la National Chilhood Collection británica. Sus tres salas inmersivas, llamadas Imagine, Play y Design, están diseñadas para fomentar la creatividad de los más pequeños y cuentan con zonas de juegos, exposiciones multisensoriales y un espacio para *gamers.*

10 Dique del Támesis
🏠 Centro de información: 1 Unity
Way SE18 🕐 Centro de información:
abr-oct: 10.30-15.30 sá 🔗

Con sus 10 puertas elevándose sobre el río, este dique es un lugar impresionante. Hay un centro de visitantes con una pequeña exposición en la orilla sur.

Puestos independientes
en el Old Spitalfields Market

🕐 **UN DÍA EN EL ESTE DE LONDRES**

Mañana

Comienza en **Old Spitalfields Market,** mezcla de puestos de comida, ropa y artesanía. Pide un café y algo de bollería en cualquiera de los puestos callejeros.

Después, sal a Commercial Street, cruza la calle al lado de **Christ Church Spitalfields** y entra en **Fournier Street,** hasta llegar a una galería (en el n.° 5) que conserva las paredes de las casas de los tejedores de seda del siglo XVIII. Las calles **Princelet, Elder** y **Fournier** dan una idea del Londres histórico.

En **Brick Lane** puedes entrar en las tiendas de saris y de regalos de Bangladés. Para comer, prueba alguno de los muchos locales de comida con curri.

Tarde

Tras comer, dirígete a Whitechapel Road. Observa la fachada Arts and Crafts de la **Whitechapel Gallery,** dedicada al arte moderno y contemporáneo.

Finalmente, monta en el Docklands Light Railway desde **Tower Gateway** para ver un panorama del este de Londres. Acude a **Canary Wharf** (*p. 163*) para apreciar edificios modernísimos, en torno a Cabot Square, y finalizar el día tomando algo en **The Gun** (*p. 167*) en Coldharbour.

Y además...

Disfrutando del sol en el Victoria Park

1. Theatre Royal Stratford East
🅰 Gerry Raffles Sq E15 🆆 stratford-east.com
Este teatro local de reputación internacional fue establecido por la directora Joan Littlewood en 1953.

2. Victoria Park
🅰 Bow E9
Uno de los parques más grandes del este de Londres, con un lago navegable, esculturas, un *skatepark* y bonitos jardines.

3. Docklands Sailing & Watersports Centre
🅰 Millwall Doch, 235a Westferry Rd E14 🆆 dswc.org
Un lugar donde disfrutar de vela, kayak, *paddleboard* y *windsurf*.

4. Sutton House
🅰 2–4 Homerton High St E9
🕒 Los horarios varían, consultar la página web 🆆 nationaltrust.org.uh/sutton-house ♿
Esta casa de mercaderes de la época Tudor que data de 1535 es una de las más antiguas del East End.

5. House Mill
🅰 Three Mill Lane E3 🕒 may-nov: 11.00-16.00 do y 1.er do mar; abr y dic: solo visitas guiadas
🆆 housemill.org.uh ♿♿
Este molino de mareas de 1776 fue en sus tiempos el mayor del país. Actualmente es un museo.

6. London Fields Lido
🅰 London Fields West Side E8
🆆 better.org.uh ♿
Piscina olímpica climatizada al aire libre de estilo *art déco* que se encuentra en medio de London Fields.

7. Mile End Park
🅰 Mile End Rd E3
Uno de los parques más inusuales de Londres, que incluye un pabellón de arte, otro ecológico, un centro deportivo y una pista de karts.

8. Mudchute Park and Farm
🅰 Pier St E14 🕒 9.00-16.00 diario
🆆 mudchute.org
La mayor granja urbana de Gran Bretaña, con numerosos animales.

9. *ArcelorMittal Orbit*
🅰 Queen Elizabeth Olympic Park E20 🕒 Los horarios varían, consultar la página web
🆆 arcelormittalorbit.com ♿
Diseñada para las olimpiadas de 2012 y situada en el parque Olímpico, esta escultura de 114,5 m con vistas a la ciudad tiene el mayor tobogán del mundo. Es aconsejable reservar.

10. Dennis Severs' House
📍 H2 🅰 18 Folgate St E1 🕒 Los horarios varían, consultar la página web
🆆 dennissevershouse.co.uh ♿
El artista Dennis Severs le dio un destino artístico a esta casa de tejedores de seda del siglo XVIII. Las habitaciones se muestran como si estuvieran habitadas: la cena está a medio comer y la cocina huele a comida.

Dónde comer y beber

1. Buen Ayre
🅰 50 Broadway Market E8
🆆 buenayre.net · ££
Este restaurante situado en Hackney
está especializado en carnes y comida
argentina.

2. Elliot's
🅰 121-123 Mare St E8
🆆 elliots.london · ££
Aquí se sirve la comida como en
familia, con platos para compartir
entre los comensales, como *pizzas* y
platos a la parrilla, raciones y vinos
naturales.

3. St John Bread & Wine
🅿 H2 🅰 94-96 Commercial St E1
🆆 stjohnrestaurant.com · £££
Este local, hermano del St John (p. 147),
es muy popular.

4. Som Saa
🅿 H3 🅰 43a Commercial St E1
🆆 somsaa.com · ££
Som Saa ha pasado de local emergente
a elegante restaurante tailandés que
ofrece novedosos platos como la lubina
entera frita, además de curris y
ensaladas.

5. Tayyabs
🅰 83-89 Fieldgate St E1
🆆 tayyabs.co.uk · £
Este ajetreado y laberíntico restaurante
punjabí sirve excelente carne a la parrilla.
Las chuletillas de cordero son famosas.

6. The Fox
🅿 H2 🅰 28 Paul St EC2
🆆 thefoxpublichouse.co.uk · £
Este encantador *pub* remodelado
ofrece una excelente comida pan-
asiática y una buena selección de *ales*.

7. The Grapes
🅰 76 Narrow St E14
🆆 thegrapes.co.uk · ££
Se cuenta que Charles Dickens bailó
sobre las mesas de este *pub*. La terraza

> **PRECIOS**
> Una comida de tres platos, con media
> botella de vino (o equivalente), servicio
> e impuestos incluidos.
> ....
> £ hasta 30 £ ££ 30-60 £ £££ más de 60 £

calefactada y el comedor de arriba
tienen vistas al Támesis y el menú es
clásico de *pub*.

8. The Gun
🅰 27 Coldharbour E14
🆆 thegundochlands.com · ££
Este encantador restaurante con
vistas al Támesis sirve comida de
gastropub de gran calidad.

9. Mother Kelly's
🅰 251 Paradise Row E2
🆆 motherkellys.co.uk
Sala de cerveza de grifo en la base de un
arco ferroviario. Hay tablas de queso y
carne, pero se puede traer comida de los
restaurantes cercanos.

10. Prospect of Whitby
🅰 57 Wapping Wall E1
🆆 greeneking.co.uk · ££
Es el *pub* junto al río más antiguo del este
de Londres. Data de 1520 y tiene vigas
antiguas, una barra de peltre, vistas al río
y comida de *pub*.

**Casa de época del
Prospect of Whitby**

DATOS ÚTILES

Estación de metro Westminster y Big Ben

UNDERGROUND

City of Westminster
Westminster Station
Public Subway
Toilets

CÓMO LLEGAR Y MOVERSE

Ya sea a pie por Londres o usando el transporte público, aquí está toda la información necesaria para recorrer la ciudad y sus alrededores como un londinense.

DE UN VISTAZO

PRECIO DEL TRANSPORTE PÚBLICO

BILLETE SENCILLO DE AUTOBÚS

1,75 £

Zonas 1-9 (tarifa fija)

BILLETE SENCILLO DE METRO

2,70 £

Zona 1 (horas valle)

LÍMITE DIARIO

8,50 £

Zona 1-2 (cualquier momento)

LÍMITES DE VELOCIDAD

AUTOPISTAS

70 mph (112 km/h)

AUTOVÍAS

70 mph (112 km/h)

CARRETERAS DE UN CARRIL

60 mph (96 km/h)

ÁREAS URBANAS

30 mph (48 km/h)

Llegada en avión

Londres cuenta con cinco grandes aeropuertos: **Heathrow, Gatwick, Stansted, Luton** y **City.** Heathrow y Gatwick son los mayores y reciben vuelos de destinos de todo el mundo. Stansted, Luton y City operan principalmente vuelos con Europa y con algunos destinos de Asia y África. Excepto City Airport, todos están situados a distancias significativas del centro de Londres. Todos disponen de buenas conexiones con el centro de la ciudad, aunque algunos medios de transporte como Heathrow Express y Gatwick Express son caros. Para conseguir los mejores precios, conviene reservar los billetes con antelación. En la tabla de la página siguiente pueden verse los medios de transporte disponibles, la duración de los trayectos y los precios.

Gatwick
ⓦ gatwickairport.com
Heathrow
ⓦ heathrow.com
London City Airport
ⓦ londoncityairport.com
Luton Airport
ⓦ london-luton.co.uk
Stansted
ⓦ stanstedairport.com

Llegada en tren internacional

St Pancras International es la terminal londinense del **Eurostar,** el tren de alta velocidad que une Gran Bretaña con el continente.

Se pueden adquirir billetes y pases para múltiples viajes internacionales a través de **Eurail** o **Interrail;** reservar con antelación suele ser obligatorio para los trenes de alta velocidad. Conviene comprobar antes que el pase es válido para el tren en el que se desea viajar. Eurostar ofrece servicios regulares desde París, Bruselas, Ámsterdam y Róterdam a Londres a través del túnel del Canal de la Mancha.

LeShuttle (también llamado Eurotúnel) opera un tren al que se pueden subir vehículos entre Calais y Folkestone, en el sureste de Inglaterra.

Eurail
🔲 eurorail.com
Eurostar
🔲 eurostar.com
LeShuttle
🔲 eurotunnel.com
Interrail
🔲 interrail.eu

Viajar en tren

La red ferroviaria británica es compleja y puede ser confusa. Varias compañías operan las líneas, pero están coordinadas por **National Rail,** que dispone de un servicio de información común.

En Londres hay 14 terminales de tren que prestan servicio a diferentes partes del país (las principales son Euston, King's Cross, Liverpool Street, London Bridge, St Pancras, Paddington, Waterloo y Victoria). También hay unas 300 estaciones menores. De cada terminal parten también líneas locales y suburbanas que cubren todo el sureste de Inglaterra.

Los trabajadores usan las líneas locales y suburbanas de Londres a diario. Para los visitantes, los servicios ferroviarios son más útiles para ir a las afueras y a zonas de la ciudad a las que no llega el metro (sobre todo en el sur de Londres). En caso de tener pensado un desplazamiento en tren hay que intentar reservar los billetes con antelación.

National Rail
🔲 nationalrail.co.uk

Viajar en autobús

Los autocares de Europa y de otras localidades del Reino Unido llegan a la Victoria Coach Station. La mayor compañía británica es **National Express.** Varios operadores europeos ofrecen viajes baratos a Londres desde otras ciudades de Europa. Conviene reservar.

National Express
🔲 nationalexpress.com

Transporte público

Transport for London (**TfL**) es el principal organismo municipal para la gestión del transporte público. Su página web ofrece información sobre medidas de seguridad e higiene, horarios y billetes, y también incluye planos.

TfL divide la ciudad en nueve zonas para los servicios de metro, Elizabeth Line, DLR, Overground y National Rail a partir de la zona 1, el centro. Los autobuses tienen una tarifa fija por trayecto, sin importar la distancia.

TfL
🔲 tfl.gov.uk

CONEXIONES CON LOS AEROPUERTOS

Aeropuerto	Transporte	Duración	Precio
London City	DLR	30 min	desde 3 £
	Taxi	30 min	desde 40 £
London Heathrow	Heathrow Express	15 min	desde 16,50 £
	Elizabeth line	35 min	13,30 £
	London Underground	50 min	desde 5,60 £
	National Express Coach	1 h	desde 8 £
	Taxi	1 h	desde 60 £
London Stansted	Stansted Express	50 min	desde 9,90 £
	National Express Coach	2 h	desde 12,50 £
	Taxi	1 h 10 min	desde 75 £
London Gatwick	Gatwick Express	30 min	desde 19,50 £
	Thameslink	40 min	desde 13,20 £
	National Express Coach	2 h 20 min	desde 10 £
	Taxi	1 h 30 min	desde 75 £
London Luton	Luton Dart y Thameslink	35 min	desde 22,40 £
	National Express Coach	1h 20 min	desde 12,50 £
	Taxi	1h 10 min	desde 80 £

Billetes

La forma más barata y flexible de viajar es utilizar una tarjeta de crédito o débito *contactless,* o pagar con el móvil. Si esto supone comisiones bancarias, es mejor opción comprar una tarjeta Oyster. Son tarjetas inteligentes que se pueden cargar y rellenar y que son válidas para todas las zonas, así como en los trenes desde el aeropuerto de Gatwick.

Al acceder al medio de transporte se acerca la tarjeta o el dispositivo móvil al lector amarillo. En las líneas de metro, Elizabeth Line, DLR y Overground hay que pasar siempre la tarjeta al terminar el viaje; de no hacerlo, se cargará la tarifa máxima. Los precios suben a las horas punta: de lunes a viernes de 6.30 a 9.30 y de 16.00 a 19.00. Las tarifas tienen límites diarios y semanales.

También hay billetes en papel, aunque salen significativamente más caros. Una tarjeta de viaje en papel para un día ofrece viajes ilimitados en todas las redes hasta las 4.30 de la madrugada siguiente por una tarifa fija. Si se viaja fuera de horas punta, conviene comprar una Off-Peak Travel Card (más barata). Hay que asegurarse de que el billete sirve para todas las zonas por las que se desea viajar.

Metro

El metro de Londres (conocido como Tube) tiene 11 líneas, cada una con un nombre y color, que se cruzan en varias estaciones.

Algunas líneas, como la Jubilee, tienen un solo recorrido; otras, como la Northern, tienen ramales; es importante mirar las pantallas del andén y el destino en el frente de cada tren.

Los trenes salen cada pocos minutos en horas punta y cada 5 a 10 minutos el resto del tiempo. Varias líneas tienen servicios de 24 horas para determinadas rutas los viernes y sábados. El resto opera de 5.00 a 0.15 lu-sá; los domingos se reduce el horario.

DLR

El DLR (Docklands Light Railway) es un ferrocarril que comunica la City con el este y sudeste de Londres. Funciona de lunes a sábados de 5.30 a 0.30 y los domingos de 7.00 a 23.30.

Overground

La red Overground de Londres conecta el metro con las principales estaciones de tren en muchos puntos. Es similar al Underground y cubre muchas zonas de la ciudad sin estaciones cercanas de metro. El trayecto de la línea de Windrush entre Highbury e Islington y New Cross Gate funciona 24 h viernes y sábado por la noche.

Elizabeth Line

Es un ferrocarril urbano-suburbano que atraviesa el centro de Londres desde Reading y Heathrow, en el oeste, hasta Shenfield y Abbey Wood, en el este, con varias paradas en el centro (entre ellas Paddington y Liverpool Street). Circulan hasta 24 trenes por hora en la zona más ajetreada, entre Paddington y Whitechapel, que operan más o menos entre las 5.30 y medianoche lu-sá, con horarios reducidos y mayor frecuencia los domingos.

Autobús

Las líneas se muestran en la página web de TfL y en los planos de las paradas. El número y el destino se indican en el frente de cada autobús y las paradas se anuncian a bordo.

En los autobuses no se acepta dinero en metálico, así que hay que llevar tarjeta de débito *contactless,* Oyster o Travelcard. A partir de 5,25 £ de gasto en la tarjeta se viaja sin pagar el resto del día; solo hay que usar la misma tarjeta para alcanzar el tope diario. La tarifa Hopper permite viajes ilimitados gratis en una hora desde su primer uso. Los menores de 11 años viajan gratis y también quienes tienen entre 11 y 15 años siempre que lleven una tarjeta Zip Oyster con foto; se solicita *online* con antelación.

Algunas líneas prestan servicio 24 horas, apoyadas por autobuses nocturnos (indicados con la letra N antes del número de línea), que circulan desde medianoche hasta las 6.00.

Barcos y ferris

Los ferris desde Calais y Dunquerque van a Dover o Folkestone, a dos horas en coche de Londres. También hay servicios para pasajeros y coches desde otras partes de Europa a puertos del Reino Unido.

Londres en barco
Uber Boat by Thames Clippers ofrece más o menos cada 15 minutos servicios por el río entre Battersea Power Station o The London Eye y North Greenwich, en ambas direcciones, pasando por Bankside y Tower Bridge.

El billete sencillo cuesta 10,90 £ en la zona central, pero se aplican descuentos si se compra *online* con la *app* de Thames Clippers o de Uber, o se usa una Travelcard, una *contactless* o una Oyster.
Uber Boat by Thames Clippers
🔲 thamesclippers.com

Taxis
Los emblemáticos taxis negros pueden pararse en la calle, reservarse con antelación o tomarse en una parada. El distintivo amarillo se enciende cuando el vehículo está libre. El número de licencia debe estar a la vista en la parte trasera. Todos los taxis tienen taxímetro y la bajada de bandera cuesta 3,80 £. En Londres también operan compañías como Uber. La página web de TfL tiene un formulario de búsqueda de operadores de minitaxis autorizados en la ciudad.

Conducir en Londres
Los ciudadanos de la UE que visiten el Reino Unido no necesitan disponer de un permiso internacional para conducir por el país, aunque si se es de fuera de la UE debe ser válido al menos 12 meses desde la fecha de llegada. Si se lleva vehículo propio hay que tener tarjeta de residencia o prueba de tener seguro.

No se aconseja conducir en Londres. El tráfico es lento y el aparcamiento escaso y caro; a ello se suma la **Congestion Charge**, una tasa diaria de 15 £ por conducir por el centro de Londres de 7.00 a 18.00 lu-vi y de 12.00 a 18.00 sá, do y festivos. Otros vehículos tal vez tengan que pagar la tasa adicional de 12,50 £ de Ultra Low Emission Zone (ULEZ); consultar detalles en la página web de TfL.

En caso de avería, se puede contactar con **AA** y solicitar asistencia.
AA
🔲 theaa.com
Congestion Charge
🔲 tfl.gov.uk/modes/driving/congestion-charge

Aparcamiento
Está prohibido aparcar en cualquier lugar marcado con una línea roja o una doble línea amarilla junto al bordillo. En zonas marcadas con una sola línea amarilla se puede aparcar de lunes a sábados de 18.00 a 8.30 y los domingos todo el día, pero el horario exacto varía y hay que mirar las señales. En los lugares sin marcar se permite aparcar a cualquier hora.

Alquiler de coches
Para alquilar un vehículo en el Reino Unido hay que ser mayor de 21 años (o 25 en algunos casos) y tener carné de conducir con al menos un año de antigüedad. Alquilar un coche en el aeropuerto es más barato.

Normas de circulación
Se conduce por la izquierda. Al aproximarse a una rotonda se cede el paso a los vehículos que vienen por la derecha, a menos que se indique lo contrario. Conductor y pasajeros deben llevar puesto el cinturón de seguridad. Los niños menores de 12 años o de menos de 135 cm deben viajar con el sistema de sujeción adecuado para su peso y edad.

No se puede usar el teléfono al conducir, excepto con dispositivo de manos libres. Se requiere seguro a terceros.

En bicicleta
Las condiciones para los ciclistas en Londres han mejorado mucho en los últimos años y la bicicleta puede ser un buen medio para ver la ciudad. Londres cuenta con una red de carriles bici que ofrecen una mezcla de carriles protegidos junto a calles principales y rutas por callejuelas y espacios verdes. **Santander Cycles**, el autoservicio público de alquiler de bicicletas ordinarias y eléctricas, tiene estaciones en el centro de Londres.
Santander Cycles
🔲 tfl.gov.uk/modes/cycling

A pie
Caminar es una agradable manera de explorar Londres. El centro no es grande y **sorprende** lo cortas que son las distancias entre lugares. Se ofrecen numerosas excursiones organizadas por la ciudad; **London Walks** dispone de una amplia variedad y **Londres en español** también ofrece varios recorridos en español.
London Walks
🔲 walks.com
Londres en español
🔲 londresenespanol.com

INFORMACIÓN PRÁCTICA

Conocer la información local ayuda a moverse con facilidad por Londres. Aquí están todos los consejos e información esencial que pueden resultar necesarios durante la estancia.

DE UN VISTAZO

MONEDA
Libra esterlina (GBP)

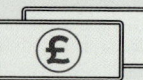

GASTO MEDIO DIARIO

BAJO	MEDIO	ALTO
90 £	**150 £**	**+250 £**

AGUA MINERAL	CAFÉ	CERVEZA	CENA PARA DOS
1,20 £	**3,40 £**	**5,90 £**	**85 £**

CLIMA

 Los días más largos son de mayo a agosto, y los más cortos, de noviembre a febrero.

 Las máximas en verano suelen ser de 22 ºC. El invierno puede ser gélido.

 Los meses más húmedos son agosto y noviembre, pero llueve todo el año.

ENCHUFES
Los enchufes son de tipo G, con tres clavijas planas. El voltaje estándar es de 230 V.

Documentación
Tras el Brexit los ciudadanos españoles pueden entrar en el Reino Unido con su pasaporte en vigor durante toda la estancia en el país. Se recomienda consultar la información específica en la **embajada del Reino Unido** en Madrid o en la página web de **UK Government.**
Embajada de Reino Unido en Madrid
🌐 gov.uk/world/organisations/british-embassy-madrid.es
UK Government
🌐 gov.uk/check-uk-visa

Consejos oficiales
Es importante tener en cuenta los consejos oficiales antes de viajar. Se pueden consultar las recomendaciones sobre seguridad, sanidad y otras cuestiones importantes tanto en la web del Ministerio de Asuntos Exteriores de España como en la del Gobierno británico.
Ministerio de Asuntos Exteriores y de la Commonwealth del Reino Unido
🌐 gov.uk/foreign-travel-advice
Ministerio de Asuntos Exteriores de España
🌐 exteriores.gob.es

Información de aduanas
La información sobre las regulaciones que afectan a las cantidades de productos y moneda con las que se puede entrar y salir del Reino Unido se encuentra en la página web de **UK Government.**
UK Government
🌐 gov.uk/duty-free-goods

Seguros de viaje
Se aconseja contratar un seguro que cubra el robo y la pérdida del equipaje, la asistencia sanitaria, la cancelación del viaje y los retrasos, y leer atentamente la letra pequeña. La atención sanitaria de urgencia es gratuita en el National Health Service *(p. 176)* y existen acuerdos de atención sanitaria con los Estados de la UE y otros países. Los visitantes de países de la UE deben llevar la **Tarjeta Sanitaria Europea (TSE)** en vigor.
Tarjeta Sanitaria Europea (TSE)
🌐 seg-social.es

Vacunas
No se exige ninguna vacuna para entrar al Reino Unido.

Dinero
En casi todas las tiendas y restaurantes se aceptan las principales tarjetas de crédito y débito, incluidas las *contactless* y el pago con dispositivo móvil. Cada vez más comercios rechazan el pago en efectivo, aunque sigue valiendo la pena llevar alguna cantidad porque algunas tiendas más pequeñas imponen límites mínimos para pagar con tarjeta. Hay cajeros automáticos en los bancos, las estaciones de tren, las zonas comerciales y las calles principales.

No es necesario ni obligatorio dejar propina. En los restaurantes es habitual dar una propina del 10-12,5 % cuando el servicio ha sido bueno. También se suele dar un 10 % de propina a los taxistas y 1-2 £ por maleta o día a los botones, los porteros y el servicio de habitaciones.

Viajeros con necesidades específicas
La página web de **TfL** ofrece información sobre accesibilidad, mapas en braille, *apps* y audioguías sobre el transporte público. Cerca de un tercio de las estaciones de metro, la mitad de las estaciones de Overground y toda la Elizabeth Line y estaciones DLR tienen accesos sin escaleras, señalizados en los planos de metro dispuestos en todos los trenes y estaciones. Los autobuses son accesibles en silla de ruedas.

El distintivo de conductor discapacitado Blue Badge ofrece aparcamiento a las personas con movilidad reducida, aunque hay que tener en cuenta que en algunas zonas del centro de Londres se aplican otras normas especiales. La página web de Visit London ofrece consejos prácticos sobre accesibilidad en la ciudad, **AccessAble** tiene un útil directorio *online* y **QverLondres.com** con discapacidad también ofrece información sobre accesibilidad.

Muchos grandes hoteles y atracciones tienen acceso para silla de ruedas, aunque es mejor asegurarse antes de reservar. Lo mismo ocurre con los restaurantes; incluso si son accesibles en silla de ruedas, puede que el comedor y los aseos estén en distintas plantas, por lo que se recomienda informarse antes de reservar.

Muchos museos y galerías disponen de audioguías para visitantes invidentes y muchos teatros y cines programan funciones con descripción de audio y cuentan con sistemas de infrarrojos y de apoyo auditivo a través del móvil. El **RNID** (Royal National Institute for Deaf People) y el **RNIB** (Royal National Institute of Blind People) también ofrecen información y consejos útiles.

AccessAble
w accessable.co.uk

RNIB
w rnib.org.uk

RNID
w actiononhearingloss.org.uk

TfL
w tfl.gov.uk/transport-accessibility

QverLondres.com
w qverlondres.com

Idioma
Londres es una ciudad multicultural donde se hablan muchas lenguas además del inglés, que es el idioma oficial del país, entre ellas el español. Muchos lugares de interés y agencias ofrecen visitas en varios idiomas.

Horarios
Las tiendas abren de 9.00 a 18.00 de lunes a sábado; las tiendas más grandes y los supermercados suelen abrir hasta más tarde. El domingo, el horario es limitado, pero muchos almacenes abren de 10.00 a 16.00 o de 11.00 a 17.00.

Los horarios de museos y galerías varían. Algunos museos y lugares de interés cierran los lunes. El último acceso a muchos sitios es 30 min o 1 h antes del cierre.

Los servicios públicos cierran los festivos, y algunas tiendas, museos y lugares de interés o cierran o reducen el horario.

Las circunstancias pueden cambiar repentinamente. Antes de visitar museos, monumentos u otros lugares de interés, consulte los horarios actualizados y las formalidades de reserva.

Seguridad personal

Londres es una ciudad relativamente segura. Los carteristas son un problema menor que en el resto de capitales europeas. Conviene mantener los objetos personales en un lugar seguro, usar el sentido común y estar alerta.

En caso de robo se debe denunciar lo antes posible a la **policía** *online,* llamando al 101 o en la comisaría de policía más

cercana. No hay que olvidar quedarse con una copia de la denuncia para reclamar al seguro.

En caso de robo del pasaporte, delito grave o accidente se recomienda contactar con la embajada.

Como norma general, los londinenses suelen mostrarse tolerantes hacia personas de otra raza, género u orientación sexual. La homosexualidad fue legalizada en 1967 y en 2004 el Reino Unido reconoció el derecho a cambiar de sexo legalmente. En el caso de sentirse inseguro, la **Safe Space Alliance** indica cuál es el lugar más cercano en el que encontrar refugio.

Metropolitan Police
w met.police.uk

Safe Space Alliance
w safespacealliance.com

Salud

El Reino Unido dispone de un buen sistema sanitario. La atención médica de urgencia suele ser gratuita, pero siempre es conveniente contratar un seguro médico completo antes de iniciar el viaje. Si se dispone de TSE, es importante presentarla tan pronto como sea posible, aunque puede que haya que pagar el importe del tratamiento y reclamar su devolución después. En el caso de no disponer de TSE, habrá que pagar el tratamiento médico por adelantado y reclamárselo al seguro posteriormente; se recomienda consultar los acuerdos recíprocos entre el Reino Unido y España.

En caso de emergencia médica hay que llamar al 999 o acudir al departamento de Accidentes y Emergencias (A&E) más próximo. La página web del **NHS** ofrece detalles de dónde están los servicios médicos no urgentes o de A&E más próximos. Para recibir consejo urgente, también se puede contactar con el NHS 111 a cualquier hora *online* o llamando al 111.

En caso de dolencias leves se puede acudir a una farmacia. Cadenas como Boots y Superdrug disponen de sucursales en casi todas las zonas comerciales. Algunos medicamentos solo pueden adquirirse con receta médica; el farmacéutico puede informar dónde encontrar el centro médico más cercano.

NHS
w nhs.uk/contact-us/get-medical-help

DE UN VISTAZO

NÚMEROS DE EMERGENCIAS

POLICÍA, BOMBEROS
O AMBULANCIAS

999

ZONA HORARIA
GMT (UTC)/BST.
Una hora antes que en España.
Horario de verano británico (BST):
30 mar-26 oct 2025
EST -5; AEDT +11

AGUA DEL GRIFO
A menos que se indique lo contrario, el agua del grifo es potable.

PÁGINAS WEB Y *APPS*

Citymapper
Cubre todos los medios de transporte urbanos, incluidas rutas en bicicleta y a pie, para navegar por la ciudad.

TfL Oyster y *contactless*
App de Transport for London para recargar y gestionar la tarjeta Oyster.

Trainline
Para encontrar los billetes de tren más económicos y ver los horarios.

Visit London
Página oficial de turismo de Londres que ofrece planos de transportes, guías de zonas, consejos prácticos y ofertas.

Tabaco, alcohol y drogas

En el Reino Unido está prohibido fumar en los lugares públicos cerrados. La prohibición no incluye el vapeo, aunque, en general, está prohibido por la legislación local, incluido en el transporte público y en las estaciones.

No se puede vender alcohol a menores de 18 años, ni comprárselo. El límite de alcohol para los conductores en Inglaterra es de 80 mg por 100 ml de sangre, es decir, 0,08 %. Esta cifra equivale aproximadamente a un vaso pequeño de vino o una pinta de cerveza normal. En cualquier caso, es mejor evitar beber si se va a conducir. La posesión de drogas ilegales está prohibida y puede acarrear pena de prisión.

Carné de identidad

No se exige a los visitantes al Reino Unido que lleven encima el carné de identidad, aunque a la hora de comprar alcohol pueden pedir una identificación con fotografía para comprobar la edad.

Turismo responsable

Londres es bastante compacta y recorrerla de forma responsable es relativamente fácil gracias a su extensa red de transporte público, con numerosas líneas de metro para cruzar el centro y de tren para viajar por los alrededores. Los mercados de alimentación de la ciudad abastecen de productos locales y llevar una botella de agua reutilizable ayuda a reducir residuos plásticos; hay puntos de recarga de agua por toda la ciudad. **Sustainable London** ofrece información sobre iniciativas ecológicas desarrolladas en la ciudad.
Sustainable London
w visitlondon.com/things-to-do/ sustainability

Costumbres

En las escaleras mecánicas es habitual pararse a la derecha para dejar paso. En los medios de transporte hay que dejar salir antes de entrar y ceder el asiento a pasajeros con necesidades específicas, mujeres embarazadas y personas mayores.

Visitas a lugares de culto

Al entrar en los lugares de culto hay que cubrirse el torso y los hombros. Los pantalones y las faldas deben cubrir las rodillas.

Teléfonos móviles y wifi

En toda la ciudad hay muchos puntos con wifi gratuito y muchas estaciones de metro y túneles tienen cobertura 4G. En los cafés y restaurantes dan la contraseña del wifi, pero se espera que a cambio se consuma algo. Actualmente, los operadores de redes móviles no aplican tarifas de *roaming*, pero siempre es mejor consultar con el proovedor.

Correos

En el Reino Unido gestiona el correo Royal Mail, con oficinas en toda la ciudad. Estas suelen abrir de lunes a viernes de 9.00 a 17.30 y los sábados hasta las 12.30, aunque los horarios varían.

En las oficinas de correos, algunas tiendas y supermercados se venden sellos. Los característicos buzones de color rojo se hallan en las principales calles de la ciudad.

Impuestos y devoluciones

El VAT (IVA) en el Reino Unido es del 20 % y casi siempre está incluido en el precio marcado. Después del Brexit, a quienes visitan Gran Bretaña solo se les permite comprar artículos libres de impuestos en las tiendas si se envían a una dirección de fuera del Reino Unido. Hay que consultar con el vendedor antes de comprar.

Tarjetas de descuento

Londres puede ser una ciudad muy cara, pero hay formas de reducir costes. Los estudiantes y menores de 18 años tienen descuentos en muchas exposiciones. Los titulares del ISIC (carné de estudiante internacional) y del IYTC (carné joven de viaje internacional) también gozan de otros descuentos.

En Internet y en las oficinas de turismo se pueden adquirir abonos turísticos y tarjetas de descuento. No son gratuitos, por lo que es mejor valorar cuántas ofertas se pueden aprovechar antes de comprar. La web de **Visit London** tiene una lista con las opciones disponibles.

Una de estas tarjetas es el **London Pass**, que ofrece entrada gratis a más de 80 lugares de interés, visitas seleccionadas y descuentos en comercios adheridos.
London Pass
w londonpass.com
Visit London
w visitlondon.com

DÓNDE ALOJARSE

El alojamiento en Londres varía desde los hoteles de cinco estrellas con servicio de mayordomo hasta los albergues con dormitorios compartidos de hasta 12 literas. Como en la mayoría de las ciudades, las mejores zonas del centro, como Bridge o el Soho, son las más caras.

Verano y Navidades son las épocas de mayor afluencia, cuando los precios están más altos. Viajar fuera de estas fechas y reservar con mucha antelación y directamente con el hotel permite encontrar mejores ofertas.

PRECIOS
Por habitación doble (con desayuno, si está incluido), impuestos y otros cargos.
....
£ menos de 125 £
££ 125-250 £
£££ más de 250 £

Westminster, South Bank y Southwark

Shard Shangri-La

📍T5 🏠31 St Thomas St SE1 🌐shangri-la.com · £££

Alojarse en The Shard, el edificio más alto del Reino Unido, con colchones anatómicos y cubierto de sábanas de lino, es como dormir entre nubes. Y al despertarse, ¿qué tal un baño con vistas?: en la planta 52 cuenta con la piscina desbordante más alta de Europa, la Sky Pool.

The Hoxton, Southwark

📍Q4 🏠40 Blachfriars Rd SE1 🌐thehoxton.com/southwarh · ££

Este hotel de South Bank, moderno y con estilo, se mantiene en consonancia con el pasado de la zona. Su decoración se inspira en el papel de Southwark como centro de fábricas de vidrio y curtidurías, con un aire industrial en sus habitaciones con paredes de ladrillo visto y techos de hormigón.

Ruby Lucy

📍P6 🏠100-108 Lower Marsh SE1 🌐ruby-hotels.com/hotels-destinations/london · ££

Pocos hoteles son tan elegantes y divertidos como Ruby Lucy. Sus habitaciones minimalistas incluyen enormes ventanales y altavoces amplificadores –afortunadamente también están insonorizadas–. Pero la auténtica diversión proviene del bar, con máquinas de *pinball*, guitarras en las paredes y sofás de terciopelo. Es el lugar ideal para una copa a cualquier hora.

The Harpy Houseboat

📍H4 🏠Mill St SE1 🌐theharpy.com · ££

¿Los hoteles en tierra son aburridos? Los que opinen así pueden reservar una estancia en esta gran casa flotante amarrada cerca de Tower Bridge, que acepta reservas de hasta 12 huéspedes distribuidos en cuatro camarotes y tres sofás-cama, rodeados de una decoración estilo años veinte.

LSE Bankside House

📍R4 🏠24 Sumner St SE1 🌐lsevacations.co.uh · £

Este alojamiento para estudiantes perteneciente a la London School of Economics es perfecto como base para explorar Londres en verano. Su ubicación, justo detrás del Globe Theatre de Shakespeare y a la sombra de la emblemática Tate Modern, es prácticamente inmejorable.

Soho y el West End

W London

📍L3 🏠10 Wardour St W1D 🌐marriott.com/en-gb/hotels/lonhw-w-london · £££

Si el hedonismo fuera un hotel, sería el W London. Encontrará bolas de discoteca en cada planta, una tarde temática *drag* ("Afternoon Tease") y un club donde los londinenses acuden a ver y ser vistos. Para descansar después de tanta fiesta, el hotel ofrece todo un universo de relax en su *spa* AWAY.

Z Soho

📍 L2 🏠 17 Moor St W1D 🌐 thezhotels.com/hotels/soho · ££

Este hotel está dirigido a los que estén más preocupados por la ubicación que por el tamaño de las habitaciones. Aunque las habitaciones Z aprovechan bien el espacio, lo mejor del hotel es su ubicación en el cruce de Cambridge Circus y Shaftesbury Avenue, en el corazón del West End. Perfecto para explorar los cercanos Theatreland, Leicester Square y Covent Garden.

Covent Garden

The Savoy

📍 M3 🏠 7 The Strand WC2 🌐 thesavoylondon.com · £££

En las glamurosas habitaciones de este clásico hotel de lujo londinense se han alojado los ricos y famosos desde 1889. Pero no por ello está anclado en el pasado: el Savoy ha sido pionero en sostenibilidad, con el uso de energías renovables, plásticos reciclados y el primer programa de reciclado de residuos alimentarios.

Hoxton Holborn

📍 M1 🏠 199-206 High Holborn WC1 🌐 the-hoxton.com/holborn · £££

En las afueras del exclusivo Theatreland, esta antigua central telefónica destaca de su entorno lujoso con un aire industrial retro, decoración geométrica y obras de arte de estudiantes de la cercana escuela Central Saint Martins. Es la escapada perfecta del moderno y bullicioso centro de Londres.

The Waldorf Hilton

📍 N3 🏠 Aldwych WC2 🌐 hilton.com/en/hotels/lonwahi-the-waldorf-hilton-london · ££

Desde hace más de un siglo, el Waldorf ha sido epítome de sofisticación aristocrática, incluso en su comida. Se puede disfrutar de un suntuoso té de la tarde inspirado en los cuentos de hadas, seguido de una cena a la luz de las velas en su magnífico restaurante Homage, con un comedor estilo gran café europeo y una carta con todos los clásicos británicos.

Bloomsbury y Fitzrovia

Charlotte Street Hotel

📍 K1 🏠 15-17 Charlotte St W1 🌐 firmdalehotels.com/hotels/london/charlotte-street-hotel · £££

Los amantes de la literatura adoran este lujoso hotel *boutique* que homenajea la historia literaria, con guiños al círculo de Bloomsbury, formado por escritores, artistas e intelectuales como Virgina Woolfe y E. M. Foster, que vivieron en este barrio a principios del siglo XX.

The Jesmond

📍 E2 🏠 63 Gower St WC1 🌐 jesmondhotel.org.uh · ££

Este hostal familiar ofrece un ambiente auténticamente hogareño, gracias en parte a su elegante cuarto de estar, con cómodos sillones y una colección de DVDs. La parte trasera cuenta con un jardín, algo excepcional en los hoteles del centro de Londres, diseñado por el hijo del propietario.

Mayfair y St James's

Brown's

📍 J4 🏠 33 Albemarle St W1 🌐 roccofortehotels.com · £££

Un hotel exclusivo de cinco estrellas que rezuma historia por todas partes. Aquí vivió y terminó su *Libro de la selva* Rudyard Kipling, y el científico Alexander Graham Bell realizó la primera llamada telefónica desde Europa en un teléfono que se conserva en el vestíbulo.

The Ritz

📍 J4 🏠 150 Piccadilly, W1 🌐 theritzlondon.com · £££

Mundialmente famoso, y posiblemente con el té de la tarde más célebre del mundo, este glamuroso hotel cercano a Green Park abrió sus puertas en 1906 y desde entonces ha sido el destino más opulento de Londres. Las *suites* incluyen desayuno con champán, un paseo en Rolls Royce y servicio de mayordomo personal.

The Clermont, Victoria

📍 D5 🏠 101 Buckingham Palace Rd SW1 🌐 the clermont.co.uk/victoria · ££

Este hotel protegido puede presumir de haber aparecido en cuatro aventuras de Sherlock Holmes. Arthur Conan Doyle fue un visitante asiduo en la década de 1920 y, aunque su interior ha cambiado bastante, el edificio conserva esa interpretación abigarrada del estilo renacentista francés que se refleja en sus obras.

Kensington y Knightsbridge

The Gore

📍 B5 🏠 190 Queen's Gate SW7 🌐 collezione.star hotels.com · £££

Construido para la Gran Exposición de Londres de 1851, The Gore sigue siendo un símbolo de la hospitalidad británica. Sus 50 habitaciones y *suites* ornamentales y decoradas con antigüedades, están bien equipadas y su diseño individualizado hace que cada estancia sea una experiencia única.

The Lanesborough

📍 D4 🏠 Hyde Park Corner SW1 🌐 oethercollection. com/hotels · £££

Esta obra maestra de época de la Regencia ha visto cruzar sus puertas a todo el mundo, desde George Bush padre hasta Cher. Se puede imitarlos y disfrutar de su lujo elegante e incluso llevarse al perro para que lo mimen, siempre

que no moleste a Lillibet, la gata residente.

Mandarin Oriental

📍 C4 🏠 66 Knightsbridge SW1X 🌐 mandarin oriental.com/london · £££

Esta impresionante mansión es como el hotel soñado hecho realidad. Tiene todo lo que se puede desear: servicio de primera, exquisita decoración de inspiración *art déco*, dos restaurantes con estrella Michelin y un *spa*. A todo ello hay que sumar su izakaya de estilo japonés que sirve cócteles imaginativos.

The Columbia

📍 B3 🏠 95-99 Lancaster Gate W2 🌐 thecolumbia. co.uk · £–££

Aunque situado junto a Hyde Park, en uno de los barrios más caros de Londres, este hotel familiar se enorgullece de ofrecer un servicio de calidad a un precio razonable. Sus cinco adosados victorianos mantienen el encanto de la década de 1970 e incluso algunas *suites* conservan el baño color aguacate.

Regent's Park y Marylebone

Treehouse Hotel

📍 J1 🏠 14-15 Langham Place W1 🌐 treehouse hotels.com/london · £££

Las coloridas habitaciones del Treehouse pretenden recrear el lugar favorito de la infancia, creando un ambiente lúdico con alegres cojines, peluches, huchas y bolas

8 mágicas. Para descansar de tanta nostalgia, el bar y restaurante de la azotea ofrece música de DJ y hermosas vistas.

La City

The Rookery

📍 G2 🏠 12 Peter's Lane, Cowcross Street EC1 🌐 rookeryhotel.com · £££

Entrar en The Rookery es como retroceder en el tiempo hasta 1764, momento en que se construyó el edificio. Aunque ha sido renovado, sigue conservando su esencia de antaño y se puede tomar una copa en el bar, sentado en un sillón antiguo junto a la chimenea, rodeado de paneles de madera oscura y retratos al óleo.

The Ned

📍 G3 🏠 27 Poultry EC2 🌐 thened.com · £££

Rodeado de los rascacielos de la City, este tesoro *art déco* de la década de 1920 fue diseñado por el famoso arquitecto Edwin Luytens. Originariamente la sede de un banco, hoy alberga 250 habitaciones, 7 restaurantes y 3 bares, además de un *spa* en una antigua cámara acorazada.

The Tower Hotel

📍 H4 🏠 St Katharine's Way E1 🌐 guoman.com/ the-tower · ££

Los que busquen una habitación con vistas, no encontrarán nada mejor que este hotel, que presume de tener las mejores tanto del río Támesis como del cercano Tower

Bridge. Desde su terraza del ático se disfruta de un panorama mágico de Londres y su famoso río al atardecer.

Wombat's City Hostel

📍 H3 🏠 7 Dock Street E1 🌐 wombats-hostels.com/london · £

Este albergue económico solía alojar a marinos de la marina mercante en sus escalas. Hoy los marinos se han ido, pero el albergue conserva esa herencia náutica, empleando madera recuperada de barcos junto a paredes de ladrillo para crear un espacio acogedor.

Norte de Londres

St Pancras Renaissance Hotel

📍 E2 🏠 Euston Rd NW1 🌐 marriott.com/en-gb/hotels/lonpr-st-pancras-renaissance-hotel-london · £££

Obra maestra del neogótico para unos y escenario del vídeo "Wannabe" de las Spice Girls para otros, este icónico hotel de ladrillo rojo de 150 años de antigüedad es un ejemplo de lujo retro en perpetua reinvención. Lo que no cambia es su ubicación junto a la estación de tren de St Pancras, sede del servicio Eurostar.

The Wesley Hotel

📍 1D 🏠 89 Plender Street NW1 🌐 thewesley.co.uk · ££

Esta capilla del siglo XIX es ahora un moderno

hotel comprometido con la sostenibilidad y reconocido por el Ayuntamiento de Camden como Carbon Champion. La energía se extrae de fuentes renovables, los baños contienen productos ecológicos y compensa las emisiones de carbono reinvirtiendo los beneficios en proyectos medioambientales.

Sur y oeste de Londres

Portobello Hotel

📍 A2 🏠 22 Stanley Gardens W11 🌐 portobellohotel.com · ££

En este hotel *boutique* no hay dos habitaciones iguales: algunas tienen bañeras victorianas, otras ofrecen vistas al jardín y la "Best Room" incluye una original cama redonda. Lo único que comparten es su decoración de aire bohemio inspirada en el cercano Portobello Market.

Art'otel London Battersea Power Station

📍 D6 🏠 1 Electric Boulevard SW11 🌐 artotellondonbattersea.com · ££

Este artístico hotel hace honor a su nombre con sus paredes decoradas con colores vivos y espacios que muestran las esculturas y obras del artista español Jaime Hayón. No hay que perderse su piscina desbordante de la azotea, con vistas a las chimeneas de la central eléctrica.

The Mitre

📍 291 Greenwich High Road SE10 🌐 innkeeperscollection.co.uk/hotel · £

El Mitre es uno de los pocos hoteles que también atrae a los londinenses. Sus 24 habitaciones se encuentran sobre un *pub* del siglo XVIII, donde tomarse una pinta con los vecinos o disfrutar de una comida clásica de *pub* y especialidades de temporada.

Este de Londres

Town Hall Hotel

📍 Patriot Square, Bethnal Green E2 🌐 townhallhotel.com/home · £££

Este antiguo ayuntamiento es el lugar perfecto para recorrer el menos transitado East End de Londres. Se puede pasear por Hackney, relajarse en la Pagoda China del Victoria Park o visitar la Whitechapel Gallery. Además, está a solo 20 minutos en metro del West End.

One Hundred Shoreditch

📍 H2 🏠 100 Shoreditch High Street E1 🌐 onehundredshoreditch.com · ££

Este lugar lo tiene todo. El hotel se encuentra en el centro de Shoreditch, en el corazón más moderno de Londres. Las zonas comunes del hotel funcionan como espacio de *coworking*. Por último, sus habitaciones incluyen lavabos adaptados y duchas ultrabajas, y todos los espacios públicos son accesibles en silla de ruedas.

ÍNDICE

Los números en **negrita** hacen referencia a las entradas principales.

2 Willow Road 152
100 Club 76

A

Abbey Road Studios 138
Acuarios
  Sea Life London Aquarium 72, 94
  véase también Zoológicos
Adam Ant 77
Adam, Robert 53, 119, 125, 159, 160
Adele 77
Aduanas, información de 174
Agua del grifo 176
Albert Memorial 55, 129
Alberto, príncipe consorte 55, 130
Alcohol 177
Alexandra Palace 35, 154
All Hallows by the Tower 146
All Saints Margaret Street 57
Almeida Theatre 75, 154
Alojamiento 85, 178-181
Ambulancias 176
Amis, Martin 61
Anfiteatro romano 84, 144
Año Nuevo Chino 86
Aparcamiento 173
Apsley House 125
ArcelorMittal Orbit 64, 65, 166
Artes escénicas 74-75
Autobuses 171, 172
Aves, observación
  St James's Park 85
  WWT London Wetland Centre 160
Avión 170, 171

B

Ballet
  Royal Opera House 74, 107, 110
  Sadler's Wells 75, 154

Banco de Inglaterra 145
Bank of England Museum 145
Banks, Joseph 28
Banqueting House 54-55
Barbican Centre 74, 143, 145
Barcos 172-173
  cruceros por el río 12, 110
  Cutty Sark 69, 159
  HMS Belfast 68
  National Maritime Museum 50-51, 159
  regata entre Oxford y Cambridge 87
  The Golden Hinde 94
Barrie, J. M. 61
Barry, Charles 91
Barry, E. M. 107
Battersea Arts Centre 160
Battersea Park 73, 160
Battersea Power Station 160
BBC Broadcasting House 139
BBC Proms 86
Bell, Vanessa 118
Benjamin Franklin House 70, 110
Bennett, Alan 60
Bentley, John Francis 57
Berkeley Square 124
Berwick Street, mercado de 100, 101
Betjeman, John 61
BFI IMAX 94
BFI London Film Festival 87
Bibliotecas
  British Library 117
Bicicletas 85, 173
Blake, William 92
Bloomsbury y Fitzrovia 116-121
  compras 120
  hoteles 179
  itinerario 119
  plano 116
  restaurantes 121
Bloomsbury, grupo de 118
Bolan, Marc 77
Bolena, Ana 41
Bomberos 176

Bond Street 123
Borough Market 82
Bow Street Police Museum 110
Bowie, David 77
Brick Lane 164, 165
British Library 117
British Museum **22-25**, 50, 117, 119
Brixton Market 160
Brompton Oratory 57, 131
Brown, Capability 159
BT Tower 34, 119
Buckingham Palace **32-33**, 52, 54, 64, 84, 123, 125
Buić, Jagoda 36
Bunyan, John 61
Burgh House 152, 153
Burlington Arcade 125
Burlington, lord 157
Bushy Park 59
Butterfield, William 57
Byron, lord 80

C

Caballos
  caballerizas reales 33, 55
  hitos deportivos 87
Cafés *véase Pubs* y cafés
Cambio de guardia 32, 84
Camden Art Centre 154
Camden Market 83, 151
Camila, reina 43
Canales
  Regent's Canal 64, 139
Canaletto 27
Canary Wharf 163, 165
Canova, Antonio 125
Capital Ring 65
Carlos I, rey 9, 55
Carlos II, rey 109, 153
Carlos III, rey 38, 43, 47, 55
Carlota, reina 43
Carnaval de Notting Hill 86
Carné de identidad 177
Carracci, Annibale 55
Castillos
  Torre de Londres **40-43**, 143
  Windsor Castle 35
Catedrales *véase* Iglesias y catedrales

AGRADECIMIENTOS

Edición actualizada por

Colaboraciones Emma Gibbs, Claire Naylor

Edición sénior Alison McGill, Dipika Dasgupta

Diseño sénior Laura O'Brien, Stuti Tiwari

Edición de proyecto Charlie Baker

Edición Tavleen Kaur, Anuroop Sanwalia

Iconografía sénior Taiyaba Khatoon

Documentación fotográfica sénior Nishwan Rasool

Diseño de cubierta Laura O'Brien

Iconografía de cubierta Laura Richardson

Edición de cartografía sénior James MacDonald

Cartografía sénior Simonetta Giori

Cartografía Suresh Kumar

Diseño DTP sénior Tanveer Zaidi

Diseño DTP Rohit Rojal, Nityanand Kumar

Preproducción sénior Balwant Singh

Retoque de imágenes sénior Pankaj Sharma

Producción Kariss Ainsworth

Responsable editorial adjunto Beverly Smart

Responsables editoriales Shikha Kulkarni, Hollie Teague

Edición de arte Gemma Doyle

Edición de arte sénior Priyanka Thakur

Dirección de arte Maxine Pedliham

Dirección editorial Georgina Dee

DK quiere dar las gracias a las siguientes personas por su contribución a la edición anterior: Kate Berens, Vinny Crump, Joe Staines, Anna Streiffert, Roger Williams.

La editorial quiere agradecer a las siguientes personas, instituciones y compañías el permiso para reproducir sus fotografías:

Leyenda: a-arriba; b-abajo; c-centro; f-extremo; l-izquierda; r-derecha; t-superior.

123RF.com: Bloodua 138t.

Alamy Stock Photo: Arcaid Images / Nigel Corrie 125tl, Matthew Ashmore 111t, Avalon / Construction Photography 115br, BBA Travel 65tr, Guy Bell 13cla, 17tl, 86tl, Dimitry Bobroff 14clb, John Bracegirdle 61br, 141br, James Brittain-VIEW 39bc, Chronicle 9cra, 10-11bc, Stephen Chung 140t, Graham Bridgeman-Clarke 117bl, Simon Crumpton 44-45t, Ian Dagnall 52tl, Siobhan Doran-VIEW 118tl, Chris Dorney 30-31b, Andrew Duke 27br, Electric Hand 77bl, Escapetheofficejob 137b, Greg Balfour Evans 13cl (8), 80bl, 101bl, Robert Evans 53t, 120t, Tom Ferguson 89, Fotomaton 104tl, Tony French 28bl, Horst Friedrichs 135bl, 147br, Kevin J. Frost 109tl, Garden Photo World / David C Phillips 169, Jeff Gilbert 13bl, 110b, GL Archive 60tl, Grant Rooney 126t, Grant Rooney Premium 12cr, 15tr, 97bl, 134t, Brian Harris 27crb, Chris Harris 58-59t, 160t, Andrew Holt 43tc, Angelo Hornak 44bl, 144cl, Ianni Dimitrov Pictures 130b, Incamerastock / ICP 27bl, Benjamin John 167br, John Kellerman 107tr, 143tl, Michael Kemp 31tr, Geza Kurka 17crb, Andy Lane 29br, Lebrecht Music & Arts / Lebrecht Authors 42tr, Mickey Lee 112tr, London Picture Library 19, Alex MacNaughton 85tr, Dov Makabaw 10bl, Terry Mathews 55tl, Mikel Bilbao Gorostiaga-Travels 12br, Miscellany 57br, Jo Miyake 21ca, © Museum of London / Heritage-Images 8b, Nathaniel Noir 13cl, 13clb, 114-115t, 148-149, North Wind Picture Archives 9br, One-Image Photography 54b, PA Images / Dominic Lipinski 33bl, Malcolm Park 92b, Parmorama 133tr, Pictorial Press Ltd 10cla, Graham Prentice 105br, M Ramírez 141tr, RichardBaker 23bc, David Richards 115bl, 146bl, Robertharding / Lizzie Shepherd 93tl, Marcin Rogozinski 12crb, 95br, 118-119bc, Ashok Saxena 155tl, Science History Images / Photo Researchers 10tl, Adrian Seal 32-33t, 164b, Alex Segre 124b, 152tl, 166tl, Ian Shaw 17clb, Stockimo / Alan Hall Photo 52br, Stockimo / Carlyjane86 103tr, TPX / Prisma by Dukas Presseagentur GmbH 117tr, Travel Pix 34cra, Steve Tulley 71b, 157tr, Vuk Valcic 131tl, Ivan Vdovin 16bl, Steve Vidler 121br, Marc Zakian 22bl, 41tr.

Dean and Chapter of Westminster: Jim Dyson 39t.

Depositphotos Inc: Claudiodivizia 23t, Wollertz 41ca.

Dorling Kindersley: Stephen Oliver 81br, Wallace Collection, London / Geoff Dann 137tr.

Dreamstime.com: Igor Abramovych 41cra, Alex Kane 50t, Andersastphoto 102b, Anyaivanova 100t, Beataaldridge 154bl, Bhofack2 78br, James Byard 129tr, Charlieaja 78tl, Chbm89 77tl, Paladuta Cornelia 20cl, Cowardlion 14cra, 20br, Johanna Cuomo 82b, Matthew Dixon 68b, Chris Dorney 58bl, 81tl, Exflow 132b, Alexey Fedorenko 56bl, Eric Flamant 87bl, Stoyan Haytov 84t, Andrew Howson 146tr, Imaengine 25b, 51tr, Shahid Khan 99t, Georgios Kollidas

124cla, Ml12nan 91t, Chris Mouyiaris 113br, Dmitry Naumov 144-145bc, Dilyana Nikolova 29t, Njarvis5 6-7t, Louise Roach 41tl, William Rodrigues Dos Santos 139bl, Thevirex 83br, Travelling-light 79br, Nicoleta Raluca Tudor 24bl, Jonathan Wilson 94tl, 96t, Wirestock 35tr, Xbrchx 163tl, Артур Снежин 40b.

Getty Images: Brandon Bell 43b, Dave Benett 76t, Corbis Documentary / Massimo Borchi / Atlantide Phototravel 151t, Corbis Historical / Hulton Deutsch 60br, Hulton Archive / Heritage Images 47b, Imagebroker / Gunter Flegar 36-37t, David Levenson 47tc, Moment / © Marco Bottigelli 66-67, Moment / Andrea Pucci 15br, Moment / Karl Hendon 5, Popperfoto / Leo Mason 74tl, WireImage / Samuel de Roman 25tc.

Getty Images / iStock: Alphographic 73t, DigitalVision Vectors / Nastasic 9cr, E+ / fotoVoyager 69br, 158-159t, Elenathewise 123t, fotoVoyager 74-75bc, Garyperkin 152-153bc, Christine_Kohler 9tl, Daniel Lange 34-35b, Chris-Mueller 62b, Taikrixel 38bl, VictorHuang 12cra, Pablo Fernandez Villoch 11tr, Chunyip Wong 68tl.

Tate Modern: 15bc, 37bl.

© Science Museum Group: 72tl.

Shutterstock.com: Cristian M Balate 50bl, Ceri Breeze 32bl, Byruineves 73br, Kurka Geza Corey 45bl, DrimaFilm 165tl, Electric Egg 57tl, Paula French 108b, JJFarq 49, Christian Mueller 63tr, Old Town Tourist 26t, Spatuletail 64tr, Spinningtop 61tl.

Sketch: 127.

The City Barge Pub: 161.

Mapa desplegable:
Alamy Stock Photo: I-Wei Huang.

Cubierta:
Delantera y lomo: **Alamy Stock Photo:** I-Wei Huang; *trasera:* **Alamy Stock Photo:** Grant Rooney Premium tl, Geza Kurka tr; **Getty Images:** Moment / Karl Hendon cl.

Resto de imágenes © Dorling Kindersley Limited.

Ilustración: Chris Orr & Associates.

De la edición en español
Servicios editoriales Moonbook
Traducción DK
Coordinación editorial Cristina Gómez de las Cortinas
Dirección editorial Elsa Vicente

Impreso y encuadernado en China

Publicado originalmente
en Gran Bretaña en 2002
por Dorling Kindersley Limited, DK,
20 Vauxhall Bridge Road,
London, SW1V 2SA, UK

Copyright © 2002, 2024
Dorling Kindersley Limited
Parte de Penguin Random House

Título original DK Top 10 London
Decimoctava edición, 2025

ISBN: 978-0-241-78901-8

MIXTO
Papel | Apoyando la
silvicultura responsable
FSC™ C018179
www.fsc.org

Este libro se ha impreso con papel
certificado por el Forest Stewardship
Council™ como parte del compromiso
de DK por un futuro sostenible.
Para más información, visita
www.dk.com/uk/
information/sustainability